रामानुजन प्रश्नोत्तरी

रामानुजन प्रश्नोत्तरी

राजेश कुमार ठाकुर

प्रकाशक

प्रभात पेपरबैक्स

4/19 आसफ अली रोड, नई दिल्ली–110002

फोन : 23289777 • हेल्पलाइन नं. : 7827007777

इ–मेल : prabhatbooks@gmail.com ❖ वेब ठिकाना : www.prabhatbooks.com

संस्करण

प्रथम, 2018

अनुवाद

आनंद अभय

मूल्य

एक सौ पचास रुपए

अ.मा.पु.स. 978-93-5266-628-7

मुद्रक

आर–टेक ऑफसेट प्रिंटर्स, दिल्ली

★

RAMANUJAN PRASHNOTTARI
by Rajesh Kumar Thakur

Published by **PRABHAT PAPERBACKS**
4/19 Asaf Ali Road, New Delhi-110002

ISBN 978-93-5266-628-7

₹150.00

श्री जी.एस. हार्डी

की स्मृति को समर्पित

जिन्होंने श्रीनिवास रामानुजन

को दिशा दी और गणित की बारीकियों

से परिचित करवाया।

प्रस्तावना

''संगीत में मोजार्ट, भौतिकी में आइंस्टीन और
गणित में रामानुजन एक रत्न थे।''

—क्लिफोर्ड स्टॉल

रामानुजन एक ऐसा नाम है, जिन्होंने अपनी पीढ़ी के गणितज्ञों को प्रेरणा प्रदान की थी और 21वीं सदी में ऐसे बहुत से गणित-प्रेमी हैं, जो उनके गणित के शोध कार्यों का अभी भी अनुसरण कर रहे हैं। ऐसा कोई भी व्यक्ति, जिसे गणित से प्रेम है, उसके लिए रामानुजन के परिचय की आवश्यकता नहीं है।

उनके काम ने केवल भारत में ही नहीं, बल्कि दुनिया भर के गणित और भौतिकी के विद्वानों को आश्चर्यचकित कर दिया था। उनका जीवन उन सभी लोगों के लिए एक प्रेरणा था, जो कि अपनी कठिनाइयों से बाहर निकलना और जीवन में आगे बढ़ना चाहते थे।

रामानुजन का जन्म एक बहुत ही निर्धन परिवार में हुआ था, जहाँ उन्हें मुश्किल से ही भरपेट भोजन मिल पाता था; परंतु गणित के प्रति उनके जुनून ने उनका संपर्क जी.एच. हार्डी से करवा दिया, जिन्होंने उनके जीवन को ही बदल दिया था। रामानुजन ने 32 वर्ष के अपने छोटे से जीवनकाल में ही व्यापक गणितीय शोध किए थे, जो कि अभी भी गणितज्ञों के द्वारा सुलझाए जा रहे हैं।

फ्रीमैन डायसन ने रामानुजन के लिए कहा था, ''उन्होंने बहुत कुछ ढूँढ़ा है और अपने बगीचे में दूसरे लोगों के ढूँढ़ने के लिए और भी बहुत कुछ छोड़ दिया है। हर बार, जब मैं रामानुजन के बगीचे में आता हूँ, तब मैंने वहाँ कुछ नए खिले फूल देखे हैं।''

ऐसे महान् व्यक्ति के जीवन को एक पुस्तक में समेटना वाकई असंभव है। रामानुजन पर सैकड़ों पुस्तकें लिखी जा चुकी हैं और जब प्रकाशक द्वारा मुझसे रामानुजन के जीवन पर एक प्रश्नोत्तरी पुस्तिका लिखने के लिए कहा गया, तब मैं थोड़ा घबरा गया था। मैंने रामानुजन पर बाजार में उपलब्ध पुस्तकें खोजीं और इंटरनेट पर मौजूद उनपर लेख पढ़े। जब मेरे पास काफी सामग्री इकट्ठा हो गई, तब मैंने इसे आम पाठकों के लिए कलमबद्ध करने का निश्चय किया।

इस पुस्तक की रोचकता बरकरार रखने के लिए मैंने इसे नौ अलग-अलग वर्गों में बाँट दिया है और वर्ष 2012 में गणित के क्षेत्र में एक मील का पत्थर साबित हो चुके रामानुजन को भी इसमें शामिल कर लिया है।

मुझे स्वयं पर गर्व का अनुभव हो रहा है कि मैंने भारत के गणित के एक महान् प्रतिभाशाली व्यक्ति पर लिखा है। इस पुस्तक को पूरा करने में गणितविद् जार्ज ई. एंड्रूज का परामर्श रहा है, साथ ही ब्रूस सी. बर्ण्ड एवं डॉ. चंद्रमौलि जोशी लगातार मेरे प्रेरणा-स्रोत भी बने रहे। मैं इन सभी लोगों को अपना हार्दिक धन्यवाद ज्ञापित करता हूँ।

इस पुस्तक में और भी सुधार के लिए अपने जिज्ञासु पाठकों के परामर्श और टिप्पणियों से मुझे प्रसन्नता होगी। मुझे उम्मीद है कि मेरे काम को पाठक अवश्य ही सराहेंगे।

—राजेश कुमार ठाकुर
rthakur1974@gmail.com

आभार

मैं अपने सहयोगियों जॉर्ज ई. एंड्रूज, ब्रूस सी. बर्ण्ट और प्रो. केन ओनो का समय सीमा के भीतर उनके मूल्यवान् परामर्श का हार्दिक आभारी हूँ। मैं रामानुजन म्यूजियम और मैथ्स एजुकेशन सेंटर, चेन्नई के सदस्यों का भी आभारी हूँ, जिन्होंने इस पुस्तक के लिए कुछ चित्र उपलब्ध करवाए। मैं रामानुजन के जीवनी लेखक रॉबर्ट केनजेल का भी आभारी हूँ, जिनकी पुस्तक की जानकारियों पर यह पुस्तक आधारित है। इन सभी के अतिरिक्त मैं वेबसाइट के उन सभी सदस्यों को भी धन्यवाद देता हूँ, जो इंटरनेट पर उपलब्ध लेखों के द्वारा रामानुजन की विरासत को जन-सुलभ बना रहे हैं।

कविता में रामानुजन

भारत का वह सरल-सीधा सा छोटा लड़का
दशमलव के किसी भी स्थान तक पाई के अंकों को निकालता गया,
जिनकी चुनौती उसके सहपाठियों ने उसे दी थी।
यह का सामान्य नहीं था, परंतु रामानुजन के लिए यह आसान ही था।
पाई तो उसके लिए चचेरा भाई जैसा था और सबसे चहेता भी,
ऐसे ही उसके और भी बहुत से भाई-बहन थे।
हर रोज जब स्कूल खत्म हो जाता,
तब वह उस शांत खेल के मैदान में चला जाता,
जहाँ वे उसका इंतजार करते,
वह सूरज और चंद्रमा-विहीन वायु-रहित जगह थी।
वह शांत खेल का मैदान एक मजेदार जगह थी,
साथ ही वह कुछ सभ्य और जंगली भी थी।

उसके कुछ हिस्सों में जुताई हो चुकी थी,
परंतु सभी कतारें बर्फ पर बने पद-चिह्नों की भाँति थीं।
वे सफेदी में धूमिल होते गए, जो कि न तो दूर थे और न ही पास।
इसमें कोई निश्चित क्षितिज भी नहीं था।

बिना एक शब्द बोले रामानुजन अपने दोस्तों के बीच
बैठे-बैठे उनसे सवाल करने लगा।
कुछ तो शुरू-शुरू में व्यग्र हुए,
पर जैसे उसने बीज छींटे और काफी देर तक चुपचाप बैठा रहा,

वे कूदकर उसके पास आ गए,
गौरैयों की तरह वे उसके हाथों से चुगने लगे
और एक बार जब अंकों ने स्वीकार कर लिया,
तब तक रामानुजन उनसे अंतरंग हो चुका था।
उसका हर पहलू उसके लिए चालाकी भरा समूह था,
उसने ट्रिगर दबा दिया और
भीड़ में तुम्हारी पुरानी कार खींचते हुए जैसे चलती है और
धीमे-धीमे क्लिक-क्लिक की आवाज करती है।
यहाँ तो ठीक घर के खाने जैसी खुशबू थी।
जब हार्डी ने कहा कि 1729 टैक्सी नंबर बहुत नीरस है,
तब रामानुजन ने जल्दी से जवाब दिया कि नहीं!
यह तो दो घनों की दो पद्धतियों में विवेच्ित उनका सबसे छोटा योगफल है।

जब उसकी मौत हुई, उसका कमरा ठसाठस भरा था
दीवारें, घड़ी और वहाँ की वायु के साथ उसके दोस्त भी वहीं थे।
जैसे ही वह नहीं रहा, उसके वे अनगिनत चचेरे भाई-बहन
बिना कुछ कहे चुपचाप चले गए।
उन्होंने अपने पीछे कोई चिह्न भी नहीं छोड़ा।
वे सभी उस खेल के मैदान की तरफ भाग गए,
जहाँ पिछले तीस सालों तक वह बैठता और टहलता रहा था।
बचे हुए हम सब भौचक्के से, ठिठके खड़े
मौसम की वजह से छींक रहे थे,
हमारे चारों तरफ डेफोडिल के फूल इतराते,
फलों पर चोट करते, खर-पतवार को अपने बारे में
बताने के लिए कहते रहे तथा तेज गरजदार तूफानी हवा के बाद
खुशबू का इंतजार करती मूसलधार बारिशवाली दुर्घटना
रामानुजन का एहसास करा रही थी।

—जोनाथन होल्डन

अनुक्रम

अध्याय–1

रामानुजन का जीवन

1. रामानुजन कौन थे ?

(अ) वैज्ञानिक (ब) इंजीनियर

(स) गणितज्ञ (द) चिकित्सक

2. रामानुजन का पूरा नाम क्या है ?

(अ) श्रीनिवास रामानुजन

(ब) श्रीनिवास रामानुजन अयंगार

(स) नारायण रामानुजन

(द) महालनोबिस रामानुजन

3. रामानुजन का जन्म कब हुआ था ?

(अ) 22 दिसंबर, 1847 को (ब) 24 मई, 1887 को

(स) 22 अगस्त, 1897 को (द) 16 अप्रैल, 1890 को

4. रामानुजन का जन्म कहाँ हुआ था ?

(अ) इंग्लैंड में (ब) इरोड में

(स) उत्तर प्रदेश में (द) दिल्ली में

5. श्रीनिवास रामानुजन किस जाति के थे ?

(अ) ब्राह्मण (ब) वैश्य

(स) शूद्र (द) क्षत्रिय

उत्तर के लिए कृपया पृष्ठ सं. 143 देखें

6. रामानुजन का जन्म किस दिन हुआ था?
   (अ) रविवार (ब) सोमवार
   (स) बुधवार (द) बृहस्पतिवार
7. रामानुजन की माता का क्या नाम था?
   (अ) कोमलताम्मल (ब) विजयलक्ष्मी
   (स) लक्ष्मी (द) नमिता
8. रामानुजन के पिता का क्या नाम था?
   (अ) हार्डी (ब) श्रीनिवास
   (स) राजगोपाल (द) रंगामल
9. रामानुजन का पूरा नाम श्रीनिवास रामानुजन अयंगार था। 'अयंगार' किस जाति की शाखा है?
   (अ) दक्षिण भारतीय ब्राह्मण
   (ब) उत्तर भारतीय ब्राह्मण
   (स) कश्मीरी ब्राह्मण
   (द) गढ़वाली ब्राह्मण
10. रामानुजन की माता ने बचपन में उनका क्या नाम रखा था?
    (अ) राम (ब) लक्ष्मीपति
    (स) चिन्नास्वामी (द) चिंटू
11. उनका उपनाम 'चिन्नास्वामी' किसके लिए प्रयुक्त होता है?
    (अ) बच्चे (ब) छोटा भगवान्
    (स) ब्रह्म (द) विष्णु
12. रामानुजन का नाम एक वैष्णव संत के नाम पर रखा गया था, जिनका जन्म लगभग 1100 ई. में हुआ था। उन संत का क्या नाम था?
    (अ) वाल्मीकि (ब) कालिदास
    (स) रामानुज (द) रामेश्वर

उत्तर के लिए कृपया पृष्ठ सं. 143 देखें

13. अपने परिवार को आर्थिक सहायता प्रदान करने के लिए रामानुजन की माँ कोमलताम्मल पास ही के एक मंदिर में क्या कार्य करती थीं?

(अ) खाना बनाती थीं (ब) भजन गाती थीं
(स) पूजा करती थीं (द) नृत्य करती थीं

14. रामानुजन के पिता क्या काम करते थे?

(अ) वे पंसारी की दुकान में काम करते थे।
(ब) वे बिजली की दुकान में काम करते थे।
(स) वे मद्रास के बंदरगाह पर काम करते थे।
(द) वे साड़ी की दुकान में काम करते थे।

15. दो वर्ष की उम्र में रामानुजन को क्या रोग हुआ था, जिसके दाग उनके चेहरे पर जीवन भर बने रहे?

(अ) चेचक (ब) हैजा
(स) एड्स (द) कैंसर

16. रामानुजन बचपन में ठीक से शब्दों का उच्चारण नहीं कर पाते थे, इस कारण उनका परिवार थोड़ा चिंतित था। उन्होंने कितने वर्षों के बाद बोलना शुरू कर दिया था?

(अ) 3 वर्ष (ब) 7 वर्ष
(स) 2 वर्ष (द) 5 वर्ष

17. कुंभकोणम के उस प्राथमिक विद्यालय का क्या नाम था, जिसमें रामानुजन ने अपनी प्रारंभिक पढ़ाई की थी?

(अ) वी.पी.एस.के. स्कूल (ब) ऑक्सफोर्ड स्कूल
(स) कंगायन प्राइमरी स्कूल (द) कुंभकोणम स्कूल

18. कुंभकोणम से होकर गुजरनेवाली नदी का नाम बताइए।

(अ) गंगा (ब) यमुना
(स) कावेरी (द) सोन

उत्तर के लिए कृपया पृष्ठ सं. 143 देखें

19. उस सड़क का नाम बताइए, जिसपर रामानुजन का घर स्थित था।
    (अ) भगत सिंह स्ट्रीट (ब) पार्क स्ट्रीट
    (स) प्रीमियर लेन (द) शर्ड्पाणि सन्निधि
20. रामानुजन के पारिवारिक देवता का क्या नाम था ?
    (अ) शिव (ब) ब्रह्मा
    (स) नामगिरि (द) काली
21. रामानुजन की नानी देवी नामगिरि की भक्त थीं। उनका क्या नाम था ?
    (अ) कोमलताम्मल (ब) रेनू
    (स) रंगामल (द) रूपा
22. रामानुजन के अनुसार वे किनके गणितीय उपहारों के लिए उनके ऋणी हैं ?
    (अ) हार्डी (ब) लिटिलवुड
    (स) न्यूटन (द) देवी नामगिरि
23. रामानुजन की मातृभाषा कौन सी थी ?
    (अ) हिंदी (ब) तमिल
    (स) अंग्रेजी (द) पंजाबी
24. रामानुजन के दादाजी का क्या नाम था ?
    (अ) कुप्पूस्वामी (ब) नारायण
    (स) चिन्नास्वामी (द) रजनीकांत
25. रामानुजन के पिता श्रीनिवास अयंगार साड़ी की एक दुकान में क्या काम करते थे ?
    (अ) प्रबंधक (ब) क्लर्क
    (स) मुंशी (द) सेल्समैन
26. रामानुजन के नाना का क्या नाम था ?
    (अ) कुप्पूस्वामी (ब) नारायण अयंगार
    (स) चिन्नास्वामी (द) रजनीकांत

उत्तर के लिए कृपया पृष्ठ सं. 143 देखें

27. किस वर्ष रामानुजन ने अपनी प्राइमरी परीक्षा पास की थी और जिले में प्रथम आए थे?

(अ) सन् 1890 में (ब) सन् 1897 में

(स) सन् 1900 में (द) सन् 1902 में

28. प्राथमिक परीक्षा पास करने के बाद रामानुजन ने कौन से हाई स्कूल में दाखिला लिया था?

(अ) मद्रास हाई स्कूल (ब) कुंभकोणम हाई स्कूल

(स) टाउन हाई स्कूल (द) नीलगिरि हाई स्कूल

29. कॉलेज और अंग्रेजी स्कूलों के लिए निर्दिष्ट एस.एल. लोनी की त्रिकोणमिति पर रामानुजन ने किस उम्र में पूरी तरह से अधिकार प्राप्त कर लिया था?

(अ) 12 (ब) 13

(स) 14 (द) 15

30. रामानुजन ने अपनी मैट्रिक की परीक्षा किस वर्ष पास की थी?

(अ) दिसंबर 1903 में (ब) मई 1902 में

(स) अप्रैल 1904 में (द) अक्तूबर 1901 में

31. रामानुजन को उनकी विलक्षण प्रतिभा के लिए सन् 1904 में कौन सा पुरस्कार प्राप्त हुआ था?

(अ) पद्मभूषण (ब) रंगनाथराव पुरस्कार

(स) विद्याभूषण (द) ए.आई.एफ.ए.

32. रामानुजन का उपनयन संस्कार किस उम्र में हुआ था?

(अ) 5 वर्ष (ब) 10 वर्ष

(स) 12 वर्ष (द) 2 वर्ष

33. रामानुजन ने अपनी मैट्रिक की परीक्षा में गणित और अंग्रेजी में सर्वाधिक अंक प्राप्त करके कौन सी स्कॉलरशिप प्राप्त की थी?

(अ) रंगनाथराव पुरस्कार (ब) सुब्रमण्यम स्कॉलरशिप

(स) हार्डी स्कॉलरशिप (द) बिल गेट्स प्राइज

उत्तर के लिए कृपया पृष्ठ सं. 143 देखें

34. वह कौन सी उच्चतम शिक्षा थी, जिसके लिए रामानुजन भारत में पंजीकृत हुए थे, पर उत्तीर्ण न हो सके?

(अ) बी.ए. (ब) एम.ए.

(स) डी.ए. (द) एफ.ए.

35. रामानुजन कितनी बार एफ.ए. के इम्तिहान में बैठे, मगर दुर्भाग्य से उनकी सारी कोशिशों का कोई फल न मिला?

(अ) 2 बार (ब) 4 बार

(स) 6 बार (द) 8 बार

36. ऐसा कहा जाता है कि रामानुजन ने त्रिकोणमिति की पुस्तक पर 13 वर्ष की उम्र में ही महारत हासिल कर ली थी। यह पुस्तक किस लेखक से संबंधित थी?

(अ) जी.एच. हार्डी (ब) लेबनिट्ज

(स) एस.एल. लोनी (द) जी.एस. कार

37. इनमें से किस पुस्तक ने रामानुजन को गणित के क्षेत्र में एक विशेष दरजा दिला दिया था?

(अ) प्रिसपिया

(ब) ट्रिग्नोमेट्री

(स) द कोनिक

(द) ए सिनाप्सिस ऑफ एलीमेंट्री रिजल्ट इन प्योर एंड अप्लाइड मैथमेटिक्स

38. 'ए सिनाप्सिस ऑफ एलीमेंट्री रिजल्ट इन प्योर एंड अप्लाइड मैथमेटिक्स' नामक पुस्तक के लेखक कौन थे?

(अ) जी.एस. कार

(ब) एस.एल. लोनी

(स) जी.एच. हार्डी

(द) न्यूटन

उत्तर के लिए कृपया पृष्ठ सं. 143 देखें

39. जी.एस. कार की पुस्तक 'द सिनाप्सिस...' उनकी निजी कोचिंग के नोट्स का सार थी। उनका पूरा नाम क्या था ?

(अ) ज्योफ्री सिंह कार (ब) जॉर्ज शूब्रिज कार

(स) गिरनार्ड शा कार (द) जॉर्ज शेफर्ड कार

40. जी.एस. कार की सिनाप्सिस में कुल कितने सूत्र थे ?

(अ) 4,000 (ब) 4,865

(स) 6,215 (द) 5,047

41. रामानुजन की माँ कहाँ भजन गाती थीं ?

(अ) तिरुपति के मंदिर में (ब) रामेश्वरम के मंदिर में

(स) शर्ङपाणि मंदिर में (द) अक्षरधाम मंदिर में

42. रामानुजन की प्रतिभा को परखने के लिए उनके मित्र ने उन्हें निम्न सवाल चित्र पुस्तक पृष्ठ संख्या 6 हल करने के लिए दिया था, जिसे रामानुजन ने एक मिनट के भीतर हल कर दिया था। उनके उस मित्र का क्या नाम था ?

(अ) शेषु अय्यर (ब) हार्डी

(स) रजनीकांत (द) राजगोपाला

43. मैट्रिक उत्तीर्ण करने के बाद रामानुजन ने किस कॉलेज में दाखिला लिया था ?

(अ) कुंभकोणम गवर्नमेंट कॉलेज

(ब) नामगिरि कॉलेज

(स) सेंट पॉल कॉलेज

(द) सेंट महावीर यूनिवर्सिटी

44. ब्रिटिश काल में कौन सा कॉलेज दक्षिण भारत का कैंब्रिज कहा जाता था ?

(अ) अन्नामलाई कॉलेज (ब) कुंभकोणम गवर्नमेंट कॉलेज

(स) तिरुपति कॉलेज (द) के. राव कॉलेज

उत्तर के लिए कृपया पृष्ठ सं. 143 देखें

45. गणित के उस प्रोफेसर का नाम बताइए, जिन्होंने रामानुजन को अपने तरीके से कक्षा में सवाल हल करने की अनुमति प्रदान की थी और 'लंदन मैथेमेटिकल गजट' में गणित जर्नल में मौजूद समस्याओं को हल करने के लिए प्रोत्साहित किया था?

(अ) पी.वी. शेषु अय्यर (ब) रामचंद्र राव

(स) नारायण राव (द) जी.एच. हार्डी

46 एफ.ए. की परीक्षा में असफल होने के बाद रामानुजन अपने घर से भाग गए थे। उनके परिवार के द्वारा उनके गुम होने की खबर अखबार में प्रकाशित करवाई गई थी। वह अखबार कौन सा था?

(अ) द डॉन (ब) द हिंदू

(स) द टाइम्स ऑफ इंडिया (द) द पायनियर

47. इनमें से रामानुजन की पत्नी कौन थीं?

(अ) सीता (ब) गीता

(स) जानकी (द) लक्ष्मी

48. इनमें से किसने रामानुजन और जानकी के विवाह हेतु उनकी कुंडली का मिलान किया था?

(अ) उनकी माता ने (ब) उनके पिता ने

(स) उनके भाई ने (द) उनकी बहन ने

49. रामानुजन का विवाह जानकी के साथ किस दिन हुआ था?

(अ) 14 जनवरी, 1909 को (ब) 14 जुलाई, 1909 को

(स) 14 फरवरी, 1909 को (द) 14 दिसंबर, 1909 को

50. श्रीनिवास रामानुजन किसलिए जाने जाते हैं?

(अ) स्टील की खोज हेतु

(ब) हीरे के विक्रेता हेतु

(स) रामानुजन परिकल्पना हेतु

(द) भेड़ की क्लोनिंग हेतु

उत्तर के लिए कृपया पृष्ठ सं. 143 देखें

51. सन् 1904 और 1905 में लगातार एफ.ए. में अनुत्तीर्ण होने के बाद रामानुजन सन् 1906 में मद्रास गए और वहाँ के एक मशहूर कॉलेज में एफ.ए. में अपना नाम लिखवाया। वह कॉलेज कौन सा था?

(अ) प्रेसीडेंसी कॉलेज (ब) मद्रास कॉलेज

(स) पचयप्पा कॉलेज (द) गवर्नमेंट कॉलेज

52. जानकी का विवाह किस उम्र में हुआ था?

(अ) 8 वर्ष (ब) 10 वर्ष

(स) 15 वर्ष (द) 9 वर्ष

53. किस डॉक्टर ने रामानुजन के हाइड्रोसिल का ऑपरेशन मुफ्त में किया था?

(अ) डॉ. यंग (ब) डॉ. लिटिलवुड

(स) डॉ. कप्पूस्वामी (द) डॉ. रावल

54. रामानुजन ने इनमें से कौन सा परिणाम स्वयं ही सन् 1904 में खोजा था?

(अ) 1/n की सीरीज की सहायता से यूलर स्थिरांक की दशमलव के 15 अंकों तक गणना की थी।

(ब) π के मान की 5 बिलियन तक गणना की थी।

(स) 8×8 के जादुई वर्ग की रचना।

(द) पृथ्वी की परिधि की माप।

55. रामानुजन का कौन सा अनुसंधान कार्य 'जर्नल ऑफ दि इंडियन मैथेमेटिकल सोसाइटी' में सन् 1911 में पहली बार छपा था?

(अ) बरनौली संख्या पर

(ब) गुरुत्वाकर्षण पर

(स) द्रव्यमान ऊर्जा संबंध पर

(द) पाई के मान पर

उत्तर के लिए कृपया पृष्ठ सं. 143 देखें

56. जब रामानुजन ने सन् 1904 में टाउन हाई स्कूल में स्नातक की परीक्षा उत्तीर्ण की थी, तब उन्हें गणित के लिए के. रंगनाथन पुरस्कार प्रदान किया गया था। उन्हें वह पुरस्कार किसने दिया था?

(अ) डॉ. यंग (ब) लिटिलवुड
(स) कृष्णस्वामी अय्यर (द) जानकी अम्मल

57. एफ.ए. की परीक्षा में असफल होने के बावजूद किस व्यक्ति ने रामानुजन की 25 रुपए प्रतिमाह की स्कॉलरशिप से सहायता की थी?

(अ) डॉ. ग्रिफ्थ (ब) प्रो. हार्डी
(स) रामचंद्र राव (द) रामास्वामी अय्यर

58. उस जर्नल का नाम बताइए, जिसमें सन् 1910 में रामानुजन का पहला निबंध प्रकाशित हुआ था?

(अ) जर्नल ऑफ इंडियन मैथेमेटिकल सोसाइटी
(ब) जर्नल ऑफ ब्रिटिश लाइब्रेरी
(स) जर्नल ऑफ कैंब्रिज यूनिवर्सिटी
(द) जर्नल ऑफ अमेरिकन मैथेमेटिक्स एसोसिएशन

59. इंडियन मैथेमेटिकल सोसाइटी की स्थापना किसने की थी?

(अ) रामचंद्र राव ने (ब) रामास्वामी अय्यर ने
(स) प्रो. लिटिलवुड ने (द) प्रो. हार्डी ने

60. किस वर्ष रामानुजन को मद्रास पोर्ट ट्रस्ट में एकाउंटेंट की नौकरी मिली थी?

(अ) सन् 1910 में (ब) सन् 1911 में
(स) सन् 1912 में (द) सन् 1914 में

61. उस व्यक्ति का नाम बताइए, जिसने रामानुजन को मद्रास पोर्ट ट्रस्ट पर नौकरी दिलाने में सहायता की थी?

(अ) रामचंद्र राव (ब) रामास्वामी अय्यर
(स) लिटिलवुड (द) हार्डी

उत्तर के लिए कृपया पृष्ठ सं. 143 देखें

62. मद्रास पोर्ट ट्रस्ट के कार्यालय में रामानुजन का अधिकारी कौन था?
(अ) रामचंद्र राव (ब) लिटिलवुड
(स) नारायन अय्यर (द) रामास्वामी अय्यर

63. मद्रास पोर्ट ट्रस्ट पर नौकरी के लिए आवेदन करते समय रामानुजन ने प्रेसीडेंसी कॉलेज के गणित के प्रोफेसर की सिफारिश भी साथ में लगा रखी थी। इस बारे में किसकी बात की जा रही है?
(अ) प्रो. जॉनसन (ब) ई.डब्ल्यू. मिडिलमास्ट
(स) ई.टी. बिल (द) रामचंद्र राव

64. मद्रास पोर्ट ट्रस्ट पर रामानुजन के अधिकारी नारायण अय्यर किस तरह से इंडियन मैथेमेटिकल सोसाइटी से संबद्ध थे?
(अ) प्रबंधक (ब) खजांची
(स) लाइब्रेरियन (द) संस्थापक

65. उस गणितज्ञ का नाम बताइए, जिन्होंने जानकी अम्मल से रामानुजन के बारे में निम्नांकित मधुर शब्द कहे थे, "कुछ लोग उसे साधारण काँच की तरह देख रहे हैं, मगर जल्दी ही वे उसे एक हीरे के रूप में देखेंगे।"
(अ) रामचंद्र राव (ब) नारायण अय्यर
(स) प्रो. हार्डी (द) इ.टी. बिल

66. मद्रास इंजीनियरिंग कॉलेज के सिविल इंजीनियरिंग के प्रोफेसर का नाम बताइए, जिन्होंने मद्रास पोर्ट ट्रस्ट के मुख्य लेखाधिकारी को रामानुजन को गणित के अनुसंधान के लिए कुछ समय की अनुमति प्रदान करने के लिए लिखा था?
(अ) मि. हिल (ब) सी.एल.टी. ग्रिफ्थ
(स) प्रो. ए.जी. बोर्न (द) रामचंद्र राव

67. मद्रास पोर्ट पर रामानुजन के क्लर्क को काम के लिए कितना वेतन मिलता था?
(अ) 25 रुपए (ब) 20 रुपए
(स) 50 रुपए (द) 100 रुपए

उत्तर के लिए कृपया पृष्ठ सं. 143 देखें

68. बंबई के उन गणितज्ञ का नाम बताइए, जिन्हें रामानुजन ने अपने काम के नमूने के साथ अपने काम की पहचान के लिए लिखा था?

(अ) प्रो. ग्रिफ्थ (ब) प्रो. शाओ

(स) प्रो. सल्धाना (द) डॉ. जोशी

69. मद्रास पोर्ट ट्रस्ट के कार्यालय में रामानुजन किस तरह का काम करते थे?

(अ) जहाजों की गणना (ब) यात्रियों की गणना

(स) टिकट चेकिंग (द) लेखा बही और नकद का मिलान

70. रामानुजन के द्वारा प्रस्तुत प्रहेलिका को अनंत प्रश्न तक हल करने के लिए एक जर्नल में प्रकाशित किया गया था और यह अन्य गणितज्ञों के लिए चुनौती थी। उस जर्नल का नाम बताइए, जिसमें यह सवाल प्रकाशित हुआ था?

(अ) इंडियन मैथेमेटिकल सोसाइटी

(ब) अमेरिकन लाइब्रेरी

(स) एनसाइक्लोपीडिया ब्रिटेनिका

(द) मैथेमेटिकल गजट

71. 'जर्नल ऑफ दि इंडियन मैथेमेटिकल सोसाइटी', जिसमें रामानुजन का लेख छपा था, का संपादक कौन था?

(अ) रामचंद्र राव (ब) नारायण अय्यर

(स) एम.टी. नारायण अयंगार (द) सी.एल.टी. ग्रिफिथ

72. किस तारीख को रामानुजन ने मद्रास पोर्ट ट्रस्ट की नौकरी शुरू की थी?

(अ) 1 मार्च, 1912 को (ब) 6 मई, 1910 को

(स) 8 मई, 1912 को (द) 8 अगस्त, 1910 को

उत्तर के लिए कृपया पृष्ठ सं. 143 देखें

73. रामानुजन ने मद्रास पोर्ट ट्रस्ट पर कितने समय तक काम किया था?
(अ) 12 महीने (ब) 14 महीने
(स) 20 महीने (द) 16 महीने

74. मद्रास पोर्ट ट्रस्ट के मैनेजर नारायण अय्यर मद्रास पोर्ट सर्विस की नौकरी करने से पहले त्रिचिनापल्ली के एक कॉलेज में गणित के लेक्चरर थे। उस कॉलेज का क्या नाम था?
(अ) अलगप्पा कॉलेज (ब) सेंट जोसेफ कॉलेज
(स) दिल्ली कॉलेज (द) प्रेसीडेंसी कॉलेज

75 शिमला के भारतीय मौसम विज्ञान विभाग के प्रमुख ने मद्रास विश्वविद्यालय को एक पत्र लिखा था, जिसमें रामानुजन को बिना अपनी आजीविका की चिंता किए ही उनका सारा समय गणित के अनुसंधान में लगाने की अनुमति प्रदान की जाए। उनका नाम बताएँ?
(अ) सी.एल.टी. ग्रिफिथ (ब) गिल्बर्ट वाकर
(स) ई.एच. नेविले (द) रामचंद्र राव

76. ''वे व्यवहार में निपुण व सरल, कठिनाई में संतोषी और प्रसिद्धि से अविकृत, त्रुटियों के प्रति कृतज्ञ एवं अपने मित्रों के लिए सीमा से भी अधिक समर्पित हैं।'' रामानुजन की विवेचना उपर्युक्त वाक्य में किसने की थी?
(अ) गिल्बर्ट वाकर (ब) ई.एच. नेविले
(स) ई.डब्ल्यू. हॉबसन (द) एच.एस. बेकर

77. उन दो प्रोफेसरों के नाम बताइए, जिन्होंने सहायता के लिए रामानुजन की अपील को ठुकरा दिया था?
(अ) हार्डी और लिटिलवुड
(ब) ई.डब्ल्यू. हॉबसन और एच.एफ. बेकर
(स) गिल्बर्ट वाकर और ई.एच. नेविले
(द) सी.एल.टी. ग्रिफिथ और हाल

उत्तर के लिए कृपया पृष्ठ सं. 144 देखें

78. रामानुजन अध्ययन के लिए मद्रास के किस पुस्तकालय में जाया करते थे?

(अ) एक्सेल लाइब्रेरी (ब) कानरमारा लाइब्रेरी

(स) हाल लाइब्रेरी (द) रामचंद्र राव लाइब्रेरी

79. रामानुजन ने पहली बार जी.एच. हार्डी को कब पत्र लिखा था?

(अ) 16 जनवरी, 1913 को (ब) 20 मार्च, 1910 को

(स) 8 अगस्त, 1942 को (द) 28 फरवरी, 1916 को

80. हार्डी का जन्म कब हुआ था?

(अ) 22 दिसंबर, 1870 को (ब) 7 जनवरी, 1872 को

(स) 7 फरवरी, 1877 को (द) 8 मई, 1890 को

81. जी.एच. हार्डी के माता-पिता कौन थे?

(अ) आइजक हार्डी, सोफिया हाल

(ब) फिलिप, रिबेका

(स) साइमन फिलिप, एनिहाल

(द) हाल, सोमरविली

82. हार्डी का पूरा नाम क्या था?

(अ) जॉर्ज हार्डी (ब) बॉरो हार्डी

(स) गॉडफ्रे हेरोल्ड हार्डी (द) नील हार्डी

83. प्रो. हार्डी, जिन्होंने रामानुजन की प्रतिभा को पहचाना था, वे कहाँ प्रोफेसर थे?

(अ) ऑक्सफोर्ड यूनिवर्सिटी (ब) ट्रिनिटी कॉलेज, कैंब्रिज

(स) प्राराज कॉलेज (द) सेंट जॉन कॉलेज

84. जी.एच. हार्डी किस खेल के शौकीन थे?

(अ) टेनिस (ब) फुटबॉल

(स) क्रिकेट (द) पोलो

उत्तर के लिए कृपया पृष्ठ सं. 144 देखें

85. ऐसा कहा जाता है कि हार्डी गणित की अपनी कक्षा में बराबर नहीं बैठते थे। उन्हें घर पर निजी शिक्षक के द्वारा पढ़ाया जाता था। उनके शिक्षक का क्या नाम था?

(अ) जे.ई. लिटिलवुड (ब) आइंस्टीन

(स) यूस्टास थॉमस क्लार्क (द) थॉमसन

86. उस क्रिकेट खिलाड़ी का क्या नाम था, जिसे हार्डी अपनी स्नातक की पढ़ाई के दौरान देखा करते थे?

(अ) सचिन तेंदुलकर (ब) कपिल देव

(स) रंजीत सिंह (द) सुनील गावस्कर

87. रामानुजन के पत्र को देखकर एक अंग्रेज गणितज्ञ ने एक बार कहा था, "मैंने इस तरह की चीज वाकई पहले नहीं देखी थी। उन प्रमेयों को सही होना चाहिए। यदि ऐसा नहीं है तो किसी ने भी इन्हें खोजने की कल्पना नहीं की थी।" वह अंग्रेज कौन थे?

(अ) जे.ई. लिटिलवुड (ब) जी.एच. हार्डी

(स) आइंस्टीन (द) ई.टी. क्लार्क

88. "मुझे याद नहीं है कि कभी मैं गणितज्ञ के अलावा कुछ और होना चाहता था।" यह किसने कहा था?

(अ) जे.ई. लिटिलवुड (ब) जी.एच. हार्डी

(स) न्यूटन (द) गॉस

89. हार्डी का विवाह किसके साथ हुआ था?

(अ) जानकी (ब) जेनिफर हार्डी

(स) लूसी (द) अविवाहित

90. रामानुजन ने हार्डी को पत्र कब लिखा था?

(अ) 5 मई, 1920 को (ब) 11 अगस्त, 1894 को

(स) 16 जनवरी, 1913 को (द) 5 अप्रैल, 1910 को

उत्तर के लिए कृपया पृष्ठ सं. 144 देखें

91. रामानुजन ने हार्डी को अपने प्रथम पत्र में कितने प्रमेय संलग्न करके इंग्लैंड भेजे थे?

(अ) 100 (ब) 110

(स) 120 (द) 150

92. हार्डी ने किसके पत्र को अपने प्राप्त हो चुके पत्रों में पहले दर्जे के पत्र का दर्जा दिया था?

(अ) लिटिलवुड (ब) शिशु अय्यर

(स) रामानुजन (द) जानकी

93. रामानुजन के किस परिणाम ने हार्डी को चकित कर दिया था और उन्हें यह सोचने पर मजबूर कर दिया था कि उन्हें जिस भारतीय लड़के का पत्र मिला है, वह एक महान् गणितज्ञ होगा?

(अ) कॉण्टीन्यूड फ्रैक्शन (ब) पार्टीशन नंबर

(स) मॉक थीटा फंक्शन (द) रेशनल नंबर

94. 'ए मैथेमेटिशियन्स एपोलॉजी' नामक मशहूर पुस्तक किसने लिखी थी?

(अ) लिटिलवुड ने (ब) जी.एच. हार्डी ने

(स) हॉबसन ने (द) एम.जे.एम. हिल ने

95. जे.ई. लिटिलवुड ने अपने संस्मरण में लिखा था कि रामानुजन एक विलक्षण प्रतिभा-संपन्न व्यक्ति थे। उनके संस्मरण का क्या नाम है?

(अ) ए मैथेमेटिकल एपोलॉजी (ब) ए मैथेमेटीशियन मिसैलरी

(स) ऑर्डर ऑफ इनफिनिटी (द) फिलासॉफिकल रिंग

96. "मेरी गणितीय खोज मेरे जीवन का एक स्थायी आनंद है।" यह किसने कहा था?

(अ) जी.एच. हार्डी ने (ब) लिटिलवुड ने

(स) रामचंद्र राव ने (द) हॉबसन ने

उत्तर के लिए कृपया पृष्ठ सं. 144 देखें

97. उस गणित के प्रोफेसर का नाम बताइए, जिसने अनंत सीरीज पर रामानुजन के सिद्धांत को समझने से मना कर दिया था और उन्हें ब्रॉमविच की अनंत सीरीज के सिद्धांत को पढ़ने के लिए कहा था।

(अ) ई.डब्ल्यू. मिडिलमास्ट

(ब) रामचंद्र राव

(स) एम.जे.एस. हिल

(द) एस.एन. अय्यर

98. रामानुजन ने हार्डी को एक प्रमेय के बारे में लिखा था, जिसमें उन्होंने दावा किया था कि वह प्रमेय अधूरा व अपूर्ण है और उसे लीजेंड्र एवं गॉस ने किया है। वे उससे बेहतर परिणाम दे सकते हैं। हम किस प्रमेय के बारे में चर्चा कर रहे हैं?

(अ) कॉण्टीन्यूड फ्रैक्शन (ब) प्राइम नंबर थियरम

(स) फैक्टर थियरम (द) टैंजेंट लॉ

99. '.........' पर परिणाम को देखकर हार्डी आश्चर्यचकित हो गए थे और उन्होंने कहा, "मैंने ऐसा वाकई पहले कभी नहीं देखा। इसने मुझे पूरी तरह से हरा दिया है।"

(अ) फैक्टोराइजेशन थियरम (ब) सिंपसन रेट

(स) कॉण्टीन्यूड फ्रैक्शन (द) लैगरेंज आइडेंटिटी

100. "रामानुजन मेरी खोज हैं। मैंने उन्हें दूसरे महान् लोगों की तरह नहीं ढूँढ़ा है; पर मैं ही वह पहला व्यक्ति था, जिसे उनके कुछ कार्यों को देखने का अवसर मिला था और मैं विश्वास के साथ कह सकता हूँ कि मैंने उस खजाने को पहचान लिया था, जिसे मैंने आकार दिया है।" यह किसने कहा था?

(अ) जी.एच. हार्डी (ब) रोजर

(स) जे.ई. लिटिलवुड (द) थॉमसन

उत्तर के लिए कृपया पृष्ठ सं. 144 देखें

101. प्रो. हार्डी रामानुजन को इंग्लैंड बुलाना चाहते थे, परंतु उन्होंने उनके प्रस्ताव को अस्वीकार कर दिया था। सन् 1913 में इस अस्वीकृति का क्या कारण था?

(अ) रामानुजन भारत में रहना चाहते थे

(ब) धार्मिक संकोच

(स) उनका परिवार नहीं चाहता था कि वे इंग्लैंड जाएँ

(द) उनकी माताजी बीमार थीं

102. ''मैं पहले से ही आधे-पेट हूँ। अपने मस्तिष्क को बनाए रखने के लिए मुझे भोजन चाहिए और यही मेरी पहली प्राथमिकता है। आपका कोई भी सहानुभूति भरा पत्र मेरे लिए विश्वविद्यालय या सरकार की तरफ से छात्रवृत्ति प्राप्त करने की सहायता होगी।'' यह किसने कहा था?

(अ) रामानुजन ने (ब) रॉबर्ट केनिजेल ने

(स) हॉगहेनर ने (द) डॉ. ग्रिबिन ने

103. ''गणित के क्षेत्र में उस समय कैंब्रिज में ऐसा कोई भी नहीं था, जो रामानुजन के पत्र से उत्पन्न सनसनी को भूल सकता था।'' इंग्लैंड में गणित के क्षेत्र में रामानुजन के प्रभाव के बाद किसने ये शब्द कहे थे?

(अ) डॉ. ग्रिबिन ने (ब) हार्डी ने

(स) लिटिलवुड ने (द) ई.एच. नेविले ने

104. मद्रास हाई कोर्ट के उन मुख्य न्यायाधीश का नाम बताइए, जिन्होंने रामानुजन को विशेष छात्रवृत्ति देने के लिए उस नियम को बदलने का दृढ़तापूर्वक समर्थन किया था, जो सिर्फ मास्टर डिग्री के लिए ही था।

(अ) कृष्णा अय्यर (ब) पी.आर. सुंदरम अय्यर

(स) हनुमंत राव (द) लाल सिंह

उत्तर के लिए कृपया पृष्ठ सं. 144 देखें

105. भारतीय विश्वविद्यालय कानून, 1904 की किस धारा के अंतर्गत रामानुजन को एफ.ए. में फेल होने के बावजूद गणित में अनुसंधान के लिए छात्रवृत्ति प्रदान की गई थी?

(अ) धारा 24 (ब) धारा 4

(स) धारा 3 (द) धारा 7

106. प्रेसीडेंसी कॉलेज, मद्रास के द्वारा रामानुजन को गणित में अनुसंधान के लिए कितने रुपए की छात्रवृत्ति प्रदान की गई थी?

(अ) 50 रुपए प्रतिमाह

(ब) 70 रुपए प्रतिमाह

(स) 75 रुपए प्रतिमाह

(द) 150 रुपए प्रतिमाह

107. 'जर्नल ऑफ दि इंडियन मैथेमेटिकल सोसाइटी' में सीरीज के संकलन फल पर प्रमेय किसने यह कहकर जमा किया था कि इस प्रमेय की वजह रामानुजन हैं?

(अ) कृष्णा अय्यर (ब) नारायण अय्यर

(स) नारायण स्वामी (द) हार्डी

108. 5 अगस्त, 1913 को रामानुजन ने गणित में बोर्ड ऑफ स्टडीज में डेफनिट इंटीग्रल के विषय पर अपनी पहली रिपोर्ट प्रस्तुत की थी। इस परिणाम को बाद में किस नाम से जाना गया?

(अ) रामानुजन का मास्टर थियरम

(ब) रामानुजन–हार्डी थियरम

(स) लिटिलवुड थियरम

(द) रिचर्ड रामानुजन लेटर

109. रामानुजन को इंग्लैंड लाने के लिए हार्डी ने किसे तय किया था?

(अ) लिटिलवुड (ब) नारायण अय्यर

(स) ई.एच. नेविले (द) थॉमसन

उत्तर के लिए कृपया पृष्ठ सं. 144 देखें

110. इंग्लैंड जाने से पहले रामानुजन देवी नामगिरि से अनुमति लेने किस छोटे से गाँव में गए थे?

(अ) नामक्कल (ब) कुंभकोणम

(स) रामेश्वरम (द) श्रीलंका

111. मद्रास के गवर्नर का नाम बताइए, जिन्होंने मद्रास विश्वविद्यालय को कैंब्रिज में अनुसंधान के लिए दो वर्ष की छात्रवृत्ति की सहमति प्रदान की थी?

(अ) सर फ्रांसिस (ब) लॉर्ड पेंटलैंड

(स) लॉर्ड विलियम (द) लॉर्ड कर्जन

112. जब रामानुजन ने अनुसंधान के लिए इंग्लैंड जाना तय कर लिया था, तब किस कंपनी ने उन्हें दूसरे दर्जे का टिकट भेजा था?

(अ) बिन्नी एंड कंपनी

(ब) टाटा मोटर्स

(स) विज शिप कंपनी

(द) इंग्लिश शिप

113. रामानुजन किस जहाज पर सवार होकर इंग्लैंड गए थे?

(अ) एस. नोर्सा (ब) एस.एस. नेवेसा

(स) विक्रांत (द) नामी

114. रामानुजन किस तारीख को इंग्लैंड जाने के लिए जहाज पर सवार हुए थे?

(अ) 21 जनवरी को (ब) 14 मार्च को

(स) 17 मार्च को (द) 20 मई को

115. रामानुजन ने एस.एस. नेवासा से दूसरे दर्जे के टिकट से इंग्लैंड तक की यात्रा की थी। उस टिकट की लागत कितनी थी?

(अ) 200 रुपए (ब) 500 रुपए

(स) 440 रुपए (द) 600 रुपए

उत्तर के लिए कृपया पृष्ठ सं. 144 देखें

116. रामानुजन के इंग्लैंड जाने से पहलेवाली रात को उनके सम्मान में विदाई समारोह का आयोजन किसने किया था?

(अ) श्रीनिवास अयंगार ने (ब) फ्रांसिस स्प्रिंग ने

(स) रामचंद्र राव ने (द) मिडिलमास्ट ने

117. रामानुजन के विदाई समारोह में जो अतिथि आए थे, उनमें मशहूर अंग्रेजी दैनिक 'द हिंदू' के संपादक भी मौजूद थे। उनका क्या नाम था?

(अ) श्रीनिवास अयंगार (ब) कस्तूरीरंगन अयंगार

(स) रामचंद्र राव (द) नरसिंह अयंगार

118. रामानुजन इंग्लिश पोर्ट कब पहुँचे थे?

(अ) 7 अप्रैल, 1914 को

(ब) 12 अप्रैल, 1914 को

(स) 14 अप्रैल, 1914 को

(द) 20 अप्रैल, 1914 को

119. रामानुजन को इंग्लिश पोर्ट पर लेने कौन आया था?

(अ) हार्डी (ब) ई.एच. नेविले

(स) लिटिलवुड (द) पोल्या

120. इंग्लिश पोर्ट पहुँचने के बाद रामानुजन को भारतीय छात्रों के लिए रिसेप्शन सेंटर ले जाया गया था। रिसेप्शन सेंटर किस रोड पर स्थित था?

(अ) 21, क्रॉमवेल रोड (ब) 22, चर्च रोड

(स) 24, क्वीन रोड (द) 25, प्रिंस रोड

121. इंग्लैंड पहुँचने के बाद रामानुजन किसके साथ तीन महीने तक ठहरे थे?

(अ) जी.एच. हार्डी (ब) जे.ई. लिटिलवुड

(स) ई.एच. नेविली (द) ब्रूस बर्ण्ट

उत्तर के लिए कृपया पृष्ठ सं. 144 देखें

122. मद्रास पोर्ट ट्रस्ट के मुख्य लेखाधिकारी का नाम बताइए, जिन्होंने सन् 1913 में रामानुजन के काम को 'डिस्ट्रीब्यूशन ऑफ प्राइम्स' पर एक पेपर प्रकाशित किया था?

(अ) एस.एन. एयाज | (ब) जी.एन. वाटसन
(स) फ्रांसिस स्प्रिंग | (द) ड्यूज बरी

123. हंगरी के उस गणितज्ञ का नाम बताइए, जिसने हार्डी से रामानुजन की नोटबुक माँगी थी और उसे देखकर कहा था, ''एक बार रामानुजन के सम्मोहनकारी प्रमेय के जाल में फँस जाने के बाद मैंने अपना सारा जीवन उन्हें सिद्ध करने की कोशिश में लगा दिया और अपना स्वयं का कुछ भी नहीं ढूँढ़ पाया।''

(अ) जॉर्ज वाशिंगटन | (ब) जॉर्ज पोल्या
(स) ब्रूस बर्ण्ट | (द) ई.एच. नेविले

124. सन् 1914 में ऑक्सफोर्ड के तिमाही 'जर्नल ऑफ मैथेमेटिक्स' में रामानुजन का कौन सा पेपर प्रकाशित हुआ था, जिसने आज के कंप्यूटर एल्गोरिद्म का रास्ता तैयार किया था?

(अ) मॉड्यूलर इक्वेशन एंड एप्रोक्सिमेशन ऑफ सिग्मा
(ब) मॉड्यूलर इक्वेशन एंड एप्रोक्सिमेशन ऑफ पाई
(स) बरनौली नंबर
(द) रेशनल नंबर

125. 'जर्नल ऑफ दि इंडियन मैथेमेटिकल सोसाइटी' में रामानुजन के द्वारा प्रकाशित 'बरनौली संख्या की कुछ विशेषताएँ' पेपर का क्या महत्त्व था?

(अ) भारत में रामानुजन का पहला प्रकाशित पेपर
(ब) कैंब्रिज में रामानुजन का पहला प्रकाशित पेपर
(स) रामानुजन का अंतिम प्रकाशित पेपर
(द) रामानुजन का दूसरा प्रकाशित पेपर

उत्तर के लिए कृपया पृष्ठ सं. 144 देखें

126. उस दक्षिण भारतीय इंजीनियर का नाम बताइए, जो रामानुजन से इंग्लैंड में मिला था और उन्हें वहाँ घर जैसा महसूस कराया था?

(अ) के.आर. राव (ब) ए.एस. रामलिंगम

(स) कस्तूरीरंगन (द) रजनीकांत

127. रामानुजन के उस मित्र का नाम बताइए, जो इंग्लैंड के किंग्स कॉलेज का छात्र था और बाद में भारतीय सांख्यिकीय संस्थान का संस्थापक बना?

(अ) ए.एस. रामलिंगम (ब) पी.एस. महालनोबिस

(स) कस्तूरीरंगन (द) रजनीकांत

128. 'द हिंदू' दैनिक अखबार के मालिक एवं संपादक इंग्लैंड गए थे और रामानुजन ने उन्हें जो खाना खिलाया, उसकी उन्होंने प्रशंसा की थी। उनका क्या नाम था?

(अ) रामचंद्र राव

(ब) एस. कस्तूरीरंगन अयंगार

(स) कैलाश नाथ

(द) जी.एच. हार्डी

129. सन् 1916 में रामानुजन कैंब्रिज में किस हॉस्टल में रहते थे?

(अ) हार्डीज हॉस्टल (ब) बिशप्स हॉस्टल

(स) पोलाज हॉस्टल (द) चर्च गेट

130. रामानुजन के इंग्लैंड प्रवास के दौरान वहाँ उनका खाना कौन बनाता था?

(अ) रामलिंगम (ब) कस्तूरीरंगन

(स) स्वयं रामानुजन (द) जानकी

131 इंग्लैंड में रामानुजन के साथ कौन रहता था?

(अ) भाई (ब) पत्नी

(स) माँ (द) इनमें से कोई नहीं

उत्तर के लिए कृपया पृष्ठ सं. 144 देखें

132. "रामानुजन को पढ़ाना एक ऐसे ब्लैकबोर्ड पर लिखने के समान है, जो और भी रोचक लेक्चर के उद्धरणों से भरा हुआ है।" ये शब्द किसने कहे थे?

(अ) जी.एच. हार्डी ने (ब) जे.ई. लिटिलवुड ने

(स) लॉरेंस यंग ने (द) डेविड हिल्बर्ट ने

133. "प्रथम विश्व युद्ध के दौरान एक अलोकप्रिय योजना के अंतर्गत इंग्लैंड के प्रत्येक नागरिक पर सेना की सेवा करने के लिए दबाव बनाया गया था; परंतु हार्डी ने इसके लिए स्वयं को अयोग्य साबित कर दिया था।" यह किस समय की बात है?

(अ) डर्बी योजना (ब) इंग्लिश लॉ

(स) टॉफेल योजना (द) ड्यूजबरी योजना

134. रामानुजन ने किसको लिखा था कि वे इंग्लैंड में कुछ वर्ष और रहना चाहते थे, क्योंकि मद्रास विश्वविद्यालय से उनके अनुसंधान के लिए कोई सहायता नहीं प्राप्त हो सकी थी?

(अ) रंगनाथ राव (ब) सुब्रमन्यम

(स) के. रंगराजन (द) कृष्णा अय्यर

135. सन् 1915 में रामानुजन ने इंग्लैंड में अपने मित्र जी.सी. चटर्जी के साथ किस कॉमिक शो को देखा था?

(अ) चार्लीज आंट (ब) चार्ली चैप्लिन

(स) नंबर्स (द) लव इन लंदन

136. सन् 1914 में ट्रिनिटी कॉलेज में शोध छात्र बनने के बाद रामानुजन ने प्रवेश रजिस्टर में अपने हस्ताक्षर किए थे। रामानुजन ने प्रवेश रजिस्टर के किस पृष्ठ पर अपने हस्ताक्षर किए थे?

(अ) पृष्ठ 6 (ब) पृष्ठ 7

(स) पृष्ठ 8 (द) पृष्ठ 9

उत्तर के लिए कृपया पृष्ठ सं. 144 देखें

137. रामानुजन के मित्र ई.एच. नेविले ने सन् 1914 में एक घर खरीदा था, जिसमें रामानुजन दो महीने तक ठहरे थे। वह घर किस रोड पर था?

(अ) 110, चेस्टर टाउन रोड (ब) 112, क्रिस्टोफर रोड

(स) 113, चेस्टर टाउन रोड (द) महात्मा गांधी रोड

138. उस भारतीय गणितज्ञ का नाम क्या था, जिसने गणित में बिना किसी औपचारिक शिक्षा के ही संख्या सिद्धांत की गणितीय विवेचना अनंत सीरीज और निरंतर विभाजन पर अपना असाधारण योगदान दिया था?

(अ) काप्रेकर (ब) रामानुजन

(स) आर्यभट्ट (द) महालनोबिस

139. ''गणित के प्रति मेरा समर्पण वाकई बहुत ही असंयत और दीवानगी भरा रहा है। मुझे इसका यकीन है और इससे प्यार है तथा मैं बिना इसके पूर्णरूपेण दु:खी ही रहूँगा।'' यह किसने कहा था?

(अ) रामानुजन ने (ब) लिटिलवुड ने

(स) हार्डी ने (द) थॉमसन ने

140. सन् 1913 में रामानुजन ने 120 प्रमेयों के साथ हार्डी को एक पत्र लिखा था। यह पत्र कई पन्नों का था। इस पत्र में कितने पन्ने थे?

(अ) 10 (ब) 20

(स) 30 (द) 40

141. रामानुजन के परिणाम देखकर किसने कहा था, ''ये परिणाम सही होने चाहिए, क्योंकि यदि ये सही नहीं हैं, तब किसी अन्य ने इन्हें ढूँढ़ने की कल्पना नहीं की थी?''

(अ) नेविले ने (ब) लिटिलवुड ने

(स) हार्डी ने (द) रामचंद्र राव ने

उत्तर के लिए कृपया पृष्ठ सं. 144 देखें

142. किस उम्र में रामानुजन ने एस.एल. लोनी की पुस्तक पर महारत हासिल कर ली थी?

(अ) 10	(ब) 12
(स) 13	(द) 14

143. निम्नांकित जादुई वर्ग पर एक नजर डालिए—

22	12	18	87
88	17	9	25
10	24	89	16
19	86	23	11

यह वर्ग किसने बनाया था?

(अ) रामानुजन ने	(ब) नारायण अय्यर ने
(स) ई.बी. रॉस ने	(द) हार्डी ने

144. मद्रास क्रिश्चियन कॉलेज के उस गणितज्ञ का क्या नाम था, जिसने अपने छात्रों से यह मूर्खतापूर्ण प्रश्न पूछा था, "क्या रामानुजन पोलिश भाषा जानता है?"

(अ) रामानुजन	(ब) नारायण अय्यर
(स) ई.बी. रॉस	(द) हार्डी

145. हार्डी को लिखे अपने प्रथम पत्र में रामानुजन ने अभाज्य संख्या के बारे में लिखा था। रामानुजन ने लिखा—"मैंने एक ऐसा फलन पा लिया है, जो कि पूरी तरह से अभाज्य संख्या की संख्या π से कम बताता है।" यह कथन रामानुजन द्वारा पढ़ी हार्डी की पुस्तक के संदर्भ में था। उस पुस्तक का क्या नाम था?

(अ) ऑर्डर ऑफ इनफिनिटी

(ब) दि एलीमेंट्स

(स) प्रिंसिपिया

(द) मैथेमेटिका

उत्तर के लिए कृपया पृष्ठ सं. 144 देखें

146. रामानुजन द्वारा लिखे अभाज्य संख्या के परिणाम को 'जर्नल ऑफ दि इंडियन मैथेमेटिकल सोसाइटी' में यह कहते हुए किसने प्रकाशित किया था कि इसका समाधान बाद में दिया जाएगा, परंतु समाधान कभी नहीं आया; क्योंकि रामानुजन का निष्कर्ष त्रुटिपूर्ण था?

(अ) जी.एच. हार्डी (ब) जे.ई. लिटिलवुड

(स) नारायण अय्यर (द) ई.एच. नेविले

147. रामानुजन किस वर्ष कैंब्रिज विश्वविद्यालय के ट्रिनिटी कॉलेज में थे?

(अ) सन् 1910–1912 (ब) सन् 1914–1916

(स) सन् 1916–1919 (द) सन् 1914–1919

148. रामानुजन को किस वर्ष बी.ए. की डिग्री प्राप्त हुई थी?

(अ) सन् 1914 में (ब) सन् 1915 में

(स) सन् 1916 में (द) सन् 1917 में

149. रामानुजन को बी.ए. की डिग्री गणित में उनके योगदान के लिए प्रदान की गई थी। उनके पेपर का विषय क्या था?

(अ) बरनौली थियरम (ब) अभाज्य संख्या

(स) उच्च संयुक्त संख्या (द) लघुगणकीय फलन

150. रामानुजन की उच्च स्तर पर गणित में औपचारिक शिक्षा नहीं थी। जी.एच. हार्डी ने उन्हें इसके लिए परेशान देखा। इसपर उन्होंने उनके कॉलेज की सहायता ली और रामानुजन को कठिन गणितीय अभ्यास पढ़ाने का उनसे अनुरोध किया था। हार्डी ने इसके लिए किससे अनुबंध किया था?

(अ) ई.एच. नेविले

(ब) जे.ई. लिटिलवुड

(स) एम.जे.एम. हिल

(द) ई.डब्ल्यू. मिडिलमास्ट

उत्तर के लिए कृपया पृष्ठ सं. 144 देखें

151. उस अंग्रेज गणितज्ञ का क्या नाम था, जिसने लिखा था—"रामानुजन संभवत: ट्रिनिटी के सभी उच्च स्तर के विद्यार्थियों, जिनमें लिटिलवुड भी शामिल हैं, में अति प्रतिभाशाली हैं।"

(अ) ई.डब्ल्यू. बार्न्स (ब) जी.एच. हार्डी

(स) जे.ई. लिटिलवुड (द) लॉरेंस यंग

152. हार्डी ने किससे कहा था, "इसमें कोई शक नहीं है कि रामानुजन आज के समय के सर्वश्रेष्ठ भारतीय गणितज्ञ हैं। कुछ मामलों में मेरी अभी तक की जानकारी में वह विलक्षण गणितज्ञ हैं।"

(अ) लिटिलवुड (ब) ड्यूजबेरी

(स) ई.डब्ल्यू. बार्न्स (द) लॉरेंस यंग

153. भारत के एक मशहूर दैनिक अखबार के संपादक एस. कस्तूरीरंगन अय्यर कैंब्रिज में रामानुजन से मिलने गए थे। उस प्रमुख दैनिक का क्या नाम था?

(अ) द हिंदुस्तान (ब) द हिंदू

(स) द दक्कन हेरॉल्ड (द) द डॉन

154. 30 अक्तूबर, 1916 को कैंब्रिज फिलॉसोफिकल सोसाइटी में डायोफंटाइन इक्वेशन पर रामानुजन का पेपर किसने पढ़ा था?

(अ) जी.एच. हार्डी (ब) जे.ई. लिटिलवुड

(स) ई.डब्ल्यू. बार्न्स (द) लॉरेंस यंग

155. उस सेवानिवृत्त फौजी का नाम बताइए, जो बाद में आर्मी स्कूल का प्रोफेसर बना था। ऐसा कहा जाता है कि वह रामानुजन के साथ बौद्धिक गणितीय उलझनों की मित्रवत् परीक्षा निरंतर रूप से लिया करता था।

(अ) पियरी एलेक्जेंडर (ब) मैक मोहन

(स) हार्डी (द) लिटिलवुड

उत्तर के लिए कृपया पृष्ठ सं. 144 देखें

156. मद्रास विश्वविद्यालय से पाँच वर्षों के लिए रामानुजन को उनके अनुसंधान हेतु कितनी छात्रवृत्ति प्रदान की जाती थी ?

(अ) 100 पाउंड (ब) 200 पाउंड

(स) 250 पाउंड (द) 300 पाउंड

157. सन् 1916 में किस यूनिवर्सिटी ने रामानुजन को बी.ए. की डिग्री प्रदान की थी ?

(अ) कैंब्रिज यूनिवर्सिटी (ब) ऑक्सफोर्ड यूनिवर्सिटी

(स) मद्रास यूनिवर्सिटी (द) स्टैनफोर्ड यूनिवर्सिटी

158. किस वर्ष रामानुजन रॉयल सिक्यूरिटी ऑफ लंदन के सदस्य चुने गए थे ?

(अ) सन् 1916 में (ब) सन् 1917 में

(स) सन् 1918 में (द) सन् 1919 में

159. रामानुजन का चयन रॉयल सोसाइटी के सदस्य के रूप में उनके इक्लिप्टिक फंक्शन और किसकी खोज के लिए किया गया था ?

(अ) अंकों का सिद्धांत (ब) विभाजन का सिद्धांत

(स) हाइपर जियोमैट्रिक सीरीज (द) इयूलर फॉर्मूला

160 रामानुजन कितने वर्षों तक इंग्लैंड में रहे ?

(अ) 5 वर्ष (ब) 8 वर्ष

(स) 10 वर्ष (द) 20 वर्ष

161. रामानुजन ने अपने कैंब्रिज के दिनों के दौरान कितने पेपर्स प्रकाशित किए थे ?

(अ) 10 (ब) 20

(स) 21 (द) 30

162. रामानुजन को किस मशहूर गणितज्ञ ने इंग्लैंड आमंत्रित किया था ?

(अ) जी.एच. हार्डी (ब) जे.ई. लिटिलवुड

(स) जी.एन. वाटसन (द) एस.एन. अय्यर

उत्तर के लिए कृपया पृष्ठ सं. 144 देखें

163. मद्रास विश्वविद्यालय ने सन् 1914 में रामानुजन के लिए इंग्लैंड में उनके शोध कार्य हेतु दो वर्ष की छात्रवृत्ति प्रदान की थी। रामानुजन की छात्रवृत्ति मार्च 1918 तक बढ़ाने के लिए ड्यूजबरी से किसने सिफारिश की थी?

(अ) हार्डी (ब) लिटिलवुड

(स) फ्रांसिस स्प्रिंग (द) जी.एन. वाटसन

164. निम्नांकित में से रामानुजन का मशहूर कार्य कौन सा है?

(अ) पूर्णांक का विभाजन (ब) दीर्घवृत्तीय समाकलन

(स) मैक्सिमा एंड मिनिमा (द) बूलियन एलजेब्रा

165. रामानुजन को गिरफ्तार होने से बचाने के लिए ब्रिटिश गणितज्ञ हार्डी ने स्कॉटलैंड यार्ड की पुलिस से क्या झूठ बोला था?

(अ) वे ब्रिटिश एकेडमी के शिक्षावृत्ति भोगी थे।

(ब) वे रॉयल सोसाइटी के शिक्षावृत्ति भोगी थे।

(स) वे मद्रास विश्वविद्यालय के शिक्षावृत्ति भोगी थे।

(द) वे ट्रिनिटी कॉलेज के निदेशक थे।

166. रामानुजन और एक अन्य मशहूर गणितज्ञ डेविड हिल्बर्ट के संबंध में हार्डी ने कौन सा समीकरण दिया था?

(अ) रामानुजन $>$ डेविड हिल्बर्ट

(ब) रामानुजन $=$ डेविड हिल्बर्ट

(स) रामानुजन $<$ डेविड हिल्बर्ट

(द) रामानुजन $\geq$ डेविड हिल्बर्ट

167. हार्डी ने कई गणितज्ञों को अपने निजी मूल्यांकन के आधार पर अंक दे रखे थे। स्वयं को उन्होंने 25, लिटिलवुड को 35, आर्कमिडीज को 80, पर रामानुजन को उन्होंने कितने अंक दिए थे?

(अ) 100 (ब) 180

(स) 120 (द) 200

उत्तर के लिए कृपया पृष्ठ सं. 144 देखें

168. रामानुजन ने अपने एफ.आर.एस. के अतिरिक्त कौन सी उच्च शैक्षणिक योग्यता प्राप्त कर रखी थी?

(अ) कैंब्रिज से बी.ए.

(ब) ऑक्सफोर्ड से एम.ए.

(स) ऑक्सफोर्ड से डी.एस.सी.

(द) मद्रास यूनिवर्सिटी से एम.एस.सी.

169. निम्नांकित में से ट्रिनिटी कॉलेज, कैंब्रिज में शिक्षावृत्ति भोगी के लिए चयनित होनेवाले प्रथम भारतीय कौन थे?

(अ) रामानुजन (ब) सत्येंद्र बोस

(स) सी.वी. रमन (द) डॉ. होमी भाभा

170. कैंब्रिज के दिनों में रामानुजन ने अपने 21 पेपर प्रकाशित कराए थे। रामानुजन के पेपर में सबसे लंबा पेपर कौन सा था?

(अ) पार्टीशन थियरी (ब) इलिप्टिकल इंटीग्रल

(स) हाइली कंपोजिट नंबर (द) मॉड्यूलर फंक्शन

171. सन् 1915 में रामानुजन के द्वारा प्रकाशित सबसे लंबे पेपर में कितने समीकरण थे?

(अ) 120 (ब) 269

(स) 300 (द) 250

172. हाइली कंपोजिट नंबर पर रामानुजन के पेपर में एक विशेष संख्या थी। निम्नांकित में से वह संख्या कौन सी है?

(अ) 12 (ब) 18

(स) 20 (द) 24

173. कैंब्रिज में रामानुजन का शिक्षक कौन था?

(अ) हार्डी (ब) इप्सन

(स) ई.डब्ल्यू. बर्न्स (द) जे.ई. लिटिलवुड

उत्तर के लिए कृपया पृष्ठ सं. 144 देखें

174. रामानुजन के गणित के अनुसंधान में किस विश्व युद्ध ने बाधा पहुँचाई थी ?

(अ) प्रथम (ब) द्वितीय

(स) तृतीय (द) चतुर्थ

175. उस अंग्रेज गणितज्ञ का नाम बताइए, जिसने रामानुजन को 'दि एपोस्टल ऑफ प्रूफ' कहा था।

(अ) जी.एच. हार्डी (ब) जे.ई. लिटिलवुड

(स) सर फ्रांसिस (द) ई.डब्ल्यू. ब्राउनीज

176. उस पौराणिक गणितज्ञ का नाम बताइए, जिन्हें 'अंतर्बोध के राजकुमार' के नाम से जाना जाता है।

(अ) आर्यभट्ट (ब) रामानुजन

(स) ब्रह्मगुप्त (द) भास्कराचार्य

177. उस भारतीय गणितज्ञ का नाम बताइए, जो रॉयल सोसाइटी का दूसरा भारतीय शिक्षावृत्ति भोगी बना था और रॉयल सोसाइटी के इतिहास में सबसे कम उम्र का शिक्षावृत्ति भोगी था।

(अ) सी.वी. रमन (ब) काप्रेकर

(स) रामानुजन (द) महावीर

178. "मैंने हार्डी और लिटिलवुड को अति उत्तेजना में पाया है, क्योंकि उन्हें लगता है कि उन्होंने मद्रास में एक हिंदू क्लर्क में एक दूसरा न्यूटन ढूँढ़ लिया है।" लेडी ऑट्टोलीन मॉरेल को ये बेहतरीन पंक्तियाँ किसने लिखी हैं ?

(अ) ई.एच. नेविले

(ब) डेविड हिल्बर्ट

(स) बर्टंड आर्थर विलियम रशेल

(द) जे.सी. बोस

उत्तर के लिए कृपया पृष्ठ सं. 144-145 देखें

179. फरवरी 1918 में रामानुजन ने स्वयं को किस तरह से खत्म करने की कोशिश की थी?

(अ) जहर खाकर

(ब) रेल की पटरी पर लेटकर

(स) फाँसी लगाकर

(द) चाकू मारकर

180. ट्रिनिटी कॉलेज में शिक्षावृत्ति के लिए इनमें से किसने रामानुजन के चयन को सहमति प्रदान की थी?

(अ) हरमन (ब) हार्डी

(स) लिटिलवुड (द) आइंस्टीन

181. चित्र पुस्तक पृष्ठ 28 इयुलर सूत्र को रामानुजन ने किस उम्र में खोज लिया था?

(अ) 10 वर्ष (ब) 20 वर्ष

(स) 7 वर्ष (द) 22 वर्ष

182. π के सूत्र का श्रेय किसको जाता है?

(अ) हार्डी (ब) लिटिलवुड

(स) रामानुजन (द) आर्यभट्ट

183. "मैं यकीन कर सकता हूँ कि रामानुजन कम-से-कम जकोबी तो हैं ही।" यह कथन किसका है?

(अ) हार्डी (ब) लिटिलवुड

(स) लॉरेंस यंग (द) ई.डब्ल्यू. वारंस

184. रामानुजन किस तरह का भोजन करते थे?

(अ) शाकाहारी

(ब) मांसाहारी

(स) दोनों

(द) इनमें से कोई नहीं

उत्तर के लिए कृपया पृष्ठ सं. 145 देखें

185. 30 अक्तूबर, 1916 को कैंब्रिज फिलॉसोफिकल सोसाइटी में डायोफैंटीन इक्वेशन पर रामानुजन का पेपर किसने पढ़ा था?
(अ) रामानुजन ने (ब) लिटिलवुड ने
(स) हार्डी ने (द) नेविले ने

186. निम्नांकित में से किसने रामानुजन से काफी पहले संख्या के विभाजन की समस्या पर चोट की थी?
(अ) हार्डी ने (ब) इयूलर ने
(स) नेविले ने (द) लिटिलवुड ने

187. रामानुजन और हार्डी ने कई पेपर पर साथ मिलकर काम किया था। इसमें से कौन सा महान् कार्य था, जिसे उन दोनों प्रतिभाशालियों ने साथ मिलकर किया था?
(अ) पार्टीशन ऑफ ए नंबर (ब) एप्रॉक्सिमेशन ऑफ पाई
(स) ऑर्डर ऑफ इनफिनिटी (द) लाग्रिथमिक फंड्स

188. पार्टीशन ऑफ नंबर पर रामानुजन और हार्डी के सम्मिलित कार्य को क्या कहा गया?
(अ) ट्रैंगिल लॉ (ब) मॉड्यूलर फंक्शन
(स) सर्किल मैथड (द) इंडिरमिनेट फॉर्म

189. इनमें से किस थियरम को रामानुजन और हार्डी ने 'सर्किल मेथड' सिद्ध कर दिया था?
(अ) इनवर्स लॉ (ब) नाइन-पॉइंट्स सर्किल
(स) कॉची थियरम (द) जेटा फंक्शन

190. सन् 1916 में स्टॉकहोम में जी.एच. हार्डी और रामानुजन ने साथ मिलकर एक खास समस्या पर चर्चा की थी और 'क्वाट्रीमी कांग्रेस डेस मैथेमेटीशियंस स्कैंडिनेवियस' पर एक शोध-पत्र प्रकाशित कराया था। वह समस्या कौन सी थी?
(अ) सर्किल मेथड (ब) नाइन-पॉइंट्स सर्किल
(स) मॉड्यूलर फंक्शन (द) कॉची थियरम

उत्तर के लिए कृपया पृष्ठ सं. 145 देखें

191. रामानुजन और हार्डी द्वारा साथ मिलकर किए गए एक विशेष थियरम पर लिटिलवुड ने कहा था, ''मैं इस थियरम के लिए दो लोगों के सहयोग का ऋणी रहूँगा, जो मुझपर एक उपकार की तरह है, जिसमें प्रत्येक ने अपना सर्वोत्तम सहयोग दिया है और यह अति भाग्यशाली कार्य है तथा रामानुजन की प्रतिभा इसकी जिम्मेदार है।'' यह कथन किस थियरम के बारे में है ?
(अ) जेटा फंक्शन
(ब) केवेलॉप थियरम
(स) रीमान इंटीग्रल
(द) सर्किल मेथड

192. हार्डी और रामानुजन की टीम ने पार्टीशन थियरी पर कैंब्रिज के गणितज्ञों को निम्न कथन के लिए विवश कर दिया था, ''मुझे लगता है कि हार्डी ही केवल ऐसा गणितज्ञ नहीं है, जो कि यह काम कर सकता था। शायद मार्डेल भी यह कर सकता था, पोलाय भी कर सकता था। मुझे पूरा विश्वास है कि कुछ लोग हार्डी की भूमिका अदा कर सकते थे; परंतु इस विशेष साझेदारी में रामानुजन की भूमिका इस समय और कोई भी नहीं कर सकता था।'' उस गणितज्ञ का नाम बताइए।
(अ) बेला बोलाबास (ब) जॉर्ज थॉमसन
(स) हांस रेडीमेशर (द) लिटिलवुड

193. सन् 1919 में रामानुजन लंदन के दक्षिण-पूर्व कुछ मील दूर स्थित एक नर्सिंग होम में दुबारा भरती हुए थे। हार्डी उनसे मिलने वहाँ अकसर जाया करते थे। वह नर्सिंग होम कहाँ स्थित है ?
(अ) ऑक्सफोर्ड (ब) बर्मिंघम
(स) प्यूटने (द) कैंब्रिज

उत्तर के लिए कृपया पृष्ठ सं. 145 देखें

194. रामानुजन से मुलाकात करने के लिए हार्डी ने एक टैक्सी ली और उन्होंने उसके नंबर पर ध्यान दिया, जो कि उन्हें अच्छा नहीं लगा था। उस टैक्सी का क्या नंबर था?

(अ) 1421 (ब) 1614

(स) 7164 (द) 1729

195 रामानुजन ने जवाब दिया, ''नहीं हार्डी, यह बहुत ही रोचक संख्या है। यह दो घनों के योग को अलग-अलग तरीके से सबसे छोटे रूप में दरशाती है।'' वह संख्या कौन सी है?

(अ) 1728 (ब) 1729

(स) 1730 (द) 1754

196. इनमें से कौन सी संख्या हार्डी-रामानुजन संख्या के रूप में जानी जाती है?

(अ) 6174 (ब) 1089

(स) 1729 (द) 3341

197. किस संख्या को टैक्सी कैब नंबर के रूप में जाना जाता है?

(अ) रामानुजन-हार्डी संख्या (ब) पाइथागोरस संख्या

(स) इयूलर संख्या (द) आर्किमिडीज संख्या

198. निम्नांकित सामंजस्य को क्या नाम दिया गया है?

p(zn +y) = ®(mod z)

p(|n+z) = ®(mod |)

p(vvn+{) = ®(mod vv) जहाँ p विभाजन फलन को दरशाता है।

(अ) रामानुजन संख्या (ब) रामानुजन सामंजस्य

(स) काप्रेकर स्थिरांक (द) इयूलर स्थिरांक

199. सन् 1919 में जी.एच. हार्डी ने रामानुजन को रॉयल सोसाइटी का शिक्षावृत्ति भोगी बनाने के लिए किससे अनुरोध किया था?

(अ) जे.ई. लिटिलवुड से (ब) सर ऑर्थर इडिंग्टन से

(स) जे.ई. नेविले से (द) डॉ. डी.ए.बी. यंग से

उत्तर के लिए कृपया पृष्ठ सं. 145 देखें

200. सन् 1914 में इंग्लैंड आने के तुरंत बाद रामानुजन ने त्रैमासिक 'जर्नल ऑफ मैथेमेटिक्स' में अपना पेपर किस नाम से लिखा था?
   (अ) मॉड्यूलर इक्वेशन एंड एप्राक्सिमेशन ऑफ पाई
   (ब) बरनौली नंबर
   (स) इलिप्टिकल इंटीग्रल
   (द) जेटा फंक्शन

201. उस जहाज का नाम बताइए, जिसपर रामानुजन भारत आने के लिए सवार हुए थे?
   (अ) एस.एस. विक्रांत (ब) एस.एस. नेवासा
   (स) एस.एस. नगोया (द) इंडो-ब्रिटिश शिप

202. फरवरी 1919 में इंग्लैंड के ऑफिस में रामानुजन के पासपोर्ट पर उनका कौन सा पेशा लिखा गया था?
   (अ) छात्र (ब) शोध छात्र
   (स) प्रोफेसर (द) गणितज्ञ

203. 13 मार्च, 1919 को 'प्रोसीडिंग ऑफ द लंदन मैथेमेटिकल सोसाइटी' में दो लघु पत्र छपे थे। वे किनके सामंजस्य गुणों की विवेचना करते थे?
   (अ) जेटा फंक्शन (ब) पार्टीशन फंक्शन
   (स) मॉक-थीटा फंक्शन (द) सिग्मा रूल

204 इंग्लैंड में रामानुजन का प्रिय भोजन क्या था?
   (अ) राजमा-चावल (ब) दही-साँभर
   (स) चिकन (द) बर्गर

205. संख्या 1729 की नीरसता पर जी.एच. हार्डी के साथ वे अपने मजेदार किस्सों के लिए जाने जाते हैं। वे कौन हैं?
   (अ) लिटिलवुड (ब) मैकमोहन
   (स) रामानुजन (द) नारायण अय्यर

उत्तर के लिए कृपया पृष्ठ सं. 145 देखें

206. अपनी डायरी में नए साल पर उन्होंने अपना संकल्प लिखा था—

1. रायमन हाइपोथीसिस को सिद्ध करना
2. माउंट एवरेस्ट पर चढ़नेवाला पहला व्यक्ति बनना
3. मुसोलिनी की हत्या।

वे एक महान् गणितज्ञ थे। वे कौन थे?

(अ) जी.एच. हार्डी (ब) जे.ई. लिटिलवुड
(स) रामानुजन (द) मैकमोहन

207. रामानुजन भारत में जहाज से किस तारीख को वापस पहुँचे थे?

(अ) 21 मार्च, 1919 को (ब) 27 मार्च, 1919 को
(स) 24 मार्च, 1919 को (द) 30 मार्च, 1919 को

208. रामानुजन का जहाज किस बंदरगाह पर लगा था?

(अ) चेन्नई (ब) कलकत्ता
(स) बंबई (द) विशाखापत्तनम

209. अपनी वापसी पर जहाज से बाहर निकलते ही रामानुजन ने अपनी माँ से पूछा, "वह कहाँ है?" रामानुजन किसे पूछ रहे थे?

(अ) लक्ष्मी (ब) कोमल आतम्मल
(स) जानकी (द) राधा

210. रामानुजन की पत्नी जानकी को उनके भारत आने की खबर किससे पता चली थी?

(अ) भाई से (ब) सास से
(स) बहन से (द) अखबार से

211. रामानुजन के उन भाई का नाम बताइए, जो रामानुजन के इंग्लैंड से भारत आने पर उन्हें लेने बंबई पोर्ट पर पहुँचे थे।

(अ) नारायण स्वामी (ब) श्रीनिवास
(स) लक्ष्मी नरसिंहम (द) राजशेखर

उत्तर के लिए कृपया पृष्ठ सं. 145 देखें

212. जानकी एक साल से भी अधिक समय से कोमलताम्मल के संपर्क में नहीं थीं और जब रामानुजन वापस लौटे, तब वह अपने भाई के साथ थीं। जानकी को पत्र किसने लिखा था, जिसमें यह कहा गया था कि रामानुजन उनसे मिलना चाहते थे?

(अ) कोमलताम्मल (ब) शेषु अय्यर

(स) लक्ष्मी नरसिंहन (द) हार्डी

213. रामानुजन को दक्षिण भारतीय भोजन बहुत ही प्रिय था। उन्होंने एक बार कहा था, "यदि मुझे यह भोजन इंग्लैंड में मिला होता, तब मैं बीमार नहीं पड़ता।" रामानुजन किस खास भोजन की बात कह रहे थे?

(अ) इडली (ब) दोसा

(स) दही-साँभर (द) उत्पम

214. भारत वापस आने पर किस विश्वविद्यालय ने रामानुजन को अपने यहाँ प्रोफेसर के रूप में कार्य करने का प्रस्ताव दिया था?

(अ) बंबई विश्वविद्यालय

(ब) कलकत्ता विश्वविद्यालय

(स) अन्नामलाई विश्वविद्यालय

(द) मद्रास विश्वविद्यालय

215. उस डॉक्टर का क्या नाम था, जिसने रामानुजन को किसी दूसरी जगह रहने का परामर्श दिया था। वह स्थान वेंकट विलास था, जो कि रामानुजन के वापस लौटकर मद्रास में रहनेवाले बँगले से आधा मील दूर था और वह उन्हें आगंतुकों से बचाने के लिए था।

(अ) डॉ. पी.एस. चंद्रशेखर

(ब) डॉ. एम.सी. ननजुंडा राव

(स) डॉ. ए.बी. यंग

(द) रामचंद्र राव

उत्तर के लिए कृपया पृष्ठ सं. 145 देखें

216. रामानुजन ने अपने इंग्लैंड और वापसी के खर्च का हिसाब किससे लिखकर पूछा और अपनी शिक्षावृत्ति को प्रतिमाह देने का अनुरोध किया था?

(अ) हार्डी (ब) ड्यूजबर्ग

(स) नेविले (द) लिटिलवुड

217 इंग्लैंड से भारत वापस आने पर रामानुजन की माता रामानुजन को शुद्धीकरण के लिए कहाँ भेजना चाहती थीं?

(अ) बंबई (ब) द्वारका

(स) रामेश्वरम (द) कलकत्ता

218 रामानुजन, उनके भाई और माँ बंबई से मद्रास किस ट्रेन से गए थे?

(अ) स्वतंत्रता सेनानी एक्सप्रेस (ब) बंबई मेल

(स) राजधानी एक्सप्रेस (द) मद्रास मेल

219. रामानुजन को गरमी और उमस से बचाने के लिए उनकी माँ ने उन्हें कहाँ भेज दिया था?

(अ) कोयंबटूर (ब) कुंभकोणम

(स) रामेश्वरम (द) कोडुमंड

220. उस डॉक्टर का नाम बताइए, जिन्हें रामानुजन का इलाज करने के लिए मद्रास से कुंभकोणम बुलाया गया था?

(अ) डॉ. पी.एस. चंद्रशेखर (ब) डॉ. डी.ए.बी. यंग

(स) डॉ. नारायण स्वामी (द) डॉ. एस.वी. राव

221. उस ज्योतिषी का क्या नाम था, जिसने सन् 1920 में रामानुजन की जन्म-कुंडली देखकर कहा था, ''यह जन्म-कुंडली एक विश्वविख्यात व्यक्ति की है, जो अपनी प्रसिद्धि की ऊँचाई पर मरने वाला है। यदि वह जीवित रह जाता है तो वह अनजान स्थिति में ही रहेगा।''

(अ) पं. योगानंद शास्त्री (ब) नारायण स्वामी अय्यर

(स) पं. भीम चंद्र (द) बेजान दारूवाला

उत्तर के लिए कृपया पृष्ठ सं. 145 देखें

222. भारत में रामानुजन ने अपने मित्र शार्ङ्पाणि को सेनेटोरियम से अपनी बीमारी के बारे में ये शब्द लिखे थे—"मेरा एक मित्र है, जो मुझे तुम सबसे अधिक प्यार करता है और वह मुझे छोड़कर जाना ही नहीं चाहता है।" रामानुजन ने अपनी किस बीमारी के बारे में लिखा था?

(अ) कैंसर (ब) एड्स

(स) टी.बी. (द) दमा

223. भारत वापस लौटकर आने पर करीब एक साल तक रामानुजन ने हार्डी को पत्र नहीं लिखा था। रामानुजन ने उन्हें किस तारीख को पत्र लिखा था?

(अ) 12 जनवरी, 1920 को (ब) 16 मार्च, 1920 को

(स) 20 अप्रैल, 1920 को (द) 18 मई, 1919 को

224. इनमें से रामानुजन की अंतिम खोज कौन सी थी?

(अ) पार्टीशन फंक्शन (ब) मॉक थीटा फंक्शन

(स) दीर्घवृत्तीय समाकलन (द) अनंत श्रृंखला

225. उस अंग्रेज गणितज्ञ का नाम बताइए, जिसने रामानुजन के लिए ये बेहतरीन पंक्तियाँ लिखी थीं—"मॉक थीटा फंक्शन की रामानुजन की खोज ने यह स्पष्ट कर दिया है कि उनकी योजना और प्रवीणता उनकी असमय मृत्यु के आने पर भी उन्हें छोड़कर नहीं गई थी।"

(अ) जी.एच. हार्डी (ब) जी.एन. वाटसन

(स) डेविड हिल्बर्ट (द) आर्थर कोनान

226. सन् 1920 में वसंत के मौसम में रामानुजन 'क्रायनेंट' नामक बड़े बँगले में रहते थे। उस बँगले का मालिक कौन था?

(अ) पी.वी. शेषु अय्यर (ब) ड्यूजबरी

(स) नांबरमल शेट्टी (द) फ्रांसिस स्प्रिंग

उत्तर के लिए कृपया पृष्ठ सं. 145 देखें

227. 'क्रायनेंट' नामक बँगले पर अपशकुन का संदेह जताते हुए रामानुजन ने अपनी माता से उस जगह को बदल देने के लिए कहा था। रामानुजन बाद में किस स्थान पर रहने के लिए चले गए थे?
(अ) हिलकार्ट रोड (ब) गोमेत्रा
(स) क्रिस्टल (द) फार्म हाउस

228. रामानुजन की मृत्यु कब हुई थी?
(अ) 26 मार्च, 1920 को
(ब) 26 अप्रैल, 1920 को
(स) 12 अगस्त, 1920 को
(द) 26 दिसंबर, 1920 को

229. किस शहर में रामानुजन ने अपनी अंतिम साँसें ली थीं?
(अ) चेटपट (ब) चेरापूँजी
(स) कुंभकोणम (द) गोमेत्रा

230. रामानुजन की मृत्यु के समय उनकी आयु कितने वर्ष थी?
(अ) 30 वर्ष (ब) 35 वर्ष
(स) 32 वर्ष (द) 40 वर्ष

231. रामानुजन के मित्र ने कहा था, "मुझे इस बात का दुःख है कि शारीरिक रूप से मौजूद रहते हुए भी वे दुनिया के लिए और अपने सारे दोस्तों के लिए भी मानसिक रूप से जीवित नहीं थे।" उनके मित्र का क्या नाम था?
(अ) पी.वी. शेषु अय्यर (ब) नरसिंह अयंगार
(स) रामचंद्र राव (द) राजगोपालाचारी

232. रामानुजन के कितने पुत्र थे?
(अ) 1 (ब) 2
(स) 3 (द) इनमें से कोई नहीं

उत्तर के लिए कृपया पृष्ठ सं. 145 देखें

233. रामानुजन की युवावस्था के मित्र राजगोपालाचारी और अपने दामाद की सहायता से किसने रामानुजन के दाह–संस्कार की व्यवस्था की थी?

(अ) ई.एन. नेविले (ब) रामचंद्र राव

(स) पी.वी. शेषु अय्यर (द) नरसिंह अयंगार

234. रामानुजन का शरीर किस समय दाह–संस्कार के लिए अग्नि को समर्पित किया गया था?

(अ) दोपहर 1 बजे (ब) दोपहर 2 बजे

(स) सायं 3 बजे (द) सायं 4 बजे

235. रामानुजन के मृत्यु प्रमाण–पत्र पर पंजीकरण की कौन सी संख्या अंकित थी?

(अ) 215 (ब) 226

(स) 228 (द) 230

236. उस डॉक्टर का नाम बताइए, जिसने कहा था कि रामानुजन की मृत्यु का कारण टी.बी. नहीं, बल्कि हेप्टिक अमोबायोसिस था।

(अ) डॉ. डी.ए.बी. यंग (ब) डॉ. फ्रांसिस

(स) डॉ. जे.एम. डे (द) डॉ. शशि थरूर

237. रामानुजन की मृत्यु की खबर सुनकर ऑक्सफोर्ड के एक प्रोफेसर ने लिखा—‘‘मेरे लिए यह कहना मुश्किल है कि मैं रामानुजन का किसलिए ऋणी हूँ। जब से मैं उन्हें जानता हूँ, उनकी मौलिकता मुझे प्राप्त होनेवाले परामर्श की निरंतर स्रोत रही है और उनकी मृत्यु का आघात मुझपर पड़नेवाली सबसे बुरी चोट है।’’ यह कथन किसका है?

(अ) थॉमसन (ब) हार्डी

(स) लिटिलवुड (द) मैकमोहन

उत्तर के लिए कृपया पृष्ठ सं. 145 देखें

238. सन् 1916 में प्रकाशित रामानुजन के ऐतिहासिक पेपर का नाम क्या था, जिसमें प्रामाणिक रूप से फोरियर गुणांक की विशेषताओं की खोज हुई थी ?

(अ) बरनौली थियरम

(ब) कॉची थियरम

(स) कुछ विशेष गणितीय फलन

(द) विभाजक संख्या

239. रामानुजन और हार्डी के द्वारा वह कौन सी पद्धति बताई गई थी, जो गणित के नए क्षेत्र की रचना की तरफ ले गई और जिसे संभाव्यता संख्या सिद्धांत कहा गया ?

(अ) वृत्तीय पद्धति (ब) सामान्य क्रम पद्धति

(स) गणितीय फलन (द) पाई की अनुमानता

240. ट्रिनिटी कॉलेज के उस शिक्षावृत्ति भोगी का नाम बताइए, जो रामानुजन से मद्रास में मिला था और उन्हें कैंब्रिज जाने के लिए प्रेरित भी किया था ?

(अ) जी.एच. हार्डी (ब) जे.ई. लिटिलवुड

(स) ई.एच. नेविले (द) रामचंद्र राव

241. सन् 1936 में ई. हेक द्वारा प्रतिपादित 'हेक सिद्धांत' एक प्रसिद्ध गणितज्ञ की तीन में से दो परिकल्पनाओं पर आधारित है। यहाँ किन परिकल्पनाओं की चर्चा हो रही है ?

(अ) यूक्लिड परिकल्पना (ब) रामानुजन परिकल्पना

(स) रीमैन परिकल्पना (द) ड्यूजबरी परिकल्पना

242. सन् 1903 और 1914 के बीच रामानुजन ने कितने थियरम अपनी नोटबुक में संगृहीत किए थे ?

(अ) 3,000 (ब) 3,542

(स) 4,000 (द) 5,000

उत्तर के लिए कृपया पृष्ठ सं. 145 देखें

243. रामानुजन ने अपनी पत्नी जानकी के लिए हीरे के झुमके और सोने की चेन खरीदने के लिए कितने रुपए बचाए थे ?

(अ) 5,000 रुपए (ब) 2,000 रुपए

(स) 10,000 रुपए (द) 4,000 रुपए

244. रामानुजन की मृत्यु के बाद उनके जीवन की घटनाओं को किसने संगृहीत किया था ?

(अ) जानकी (ब) कोमलताम्मल

(स) लक्ष्मी नरसिंहम (द) हार्डी

245. मृत्यु से पहले रामानुजन के मुँह से कौन से शब्द निकले थे ?

(अ) सीता राम (ब) हे राम

(स) राधा किशन (द) जानकी

246. उस डॉक्टर का क्या नाम था, जिसने अपनी डायरी में लिखा था कि रामानुजन की शीघ्र मृत्यु का कारण उनकी माता और पत्नी की उनकी तरफ लापरवाही ही थी ?

(अ) डॉ. डी.ए.बी. यंग (ब) डॉ. पार्थसारथि

(स) डॉ. चंद्रशेखर (द) डॉ. मजूमदार

247. रामानुजन की मृत्यु के तुरंत बाद जानकी अम्मल ने अपनी ससुराल का घर छोड़ दिया था और अपने भाई के घर चली गईं। वह कहाँ रहने चली गई थीं।

(अ) मद्रास (ब) त्रिप्लीकेन

(स) राजेंद्रम (द) कुंभकोणम

248 रामानुजन की मृत्यु के बाद जानकी कितने समय तक अपने भाई के साथ राजेंद्रम में रही थीं ?

(अ) 4 वर्ष (ब) 5 वर्ष

(स) 7 वर्ष (द) 6 वर्ष

उत्तर के लिए कृपया पृष्ठ सं. 145 देखें

249. मद्रास विश्वविद्यालय ने जानकी को कितनी पेंशन प्रदान की थी?
(अ) 20 रु. प्रतिमाह (ब) 50 रु. प्रतिमाह
(स) 100 रु. प्रतिमाह (द) 60 रु. प्रतिमाह

250. रामानुजन की पत्नी जानकी को पेंशन किसलिए दी गई थी?
(अ) रामानुजन की विधवा होने के कारण
(ब) रामानुजन के पेपर के अधिकार के कारण
(स) रामानुजन पर पुस्तक लिखने के कारण
(द) खर्च के लिए

251. मद्रास वापस लौटने पर जानकी ने उसी सड़क पर एक घर खरीदा था, जहाँ इंग्लैंड जाने से पहले वह और रामानुजन रहते थे। उस सड़क का क्या नाम था?
(अ) हनुमंथारायन (ब) क्राएंट
(स) चेलपट स्ट्रीट (द) समता स्ट्रीट

252. जानकी अपनी आजीविका चलाने के लिए क्या काम करती थीं?
(अ) स्कूल में पढ़ाती थीं।
(ब) फल बेचती थीं।
(स) कपड़े सिलती और लड़कियों को कपड़े सिलना सिखाती थीं।
(द) कपड़े बेचती थीं।

253. भारत में रामानुजन के एक अच्छे फोटोग्राफ के लिए हार्डी ने किस भारतीय खगोल भौतिक शास्त्री से मुलाकात की थी?
(अ) डॉ. एच.जे. भाभा (ब) डॉ. चंद्रमौलि
(स) एस. चंद्रशेखर (द) लक्ष्मी नारायण

254. सन् 1948 में जानकी के द्वारा गोद लिये गए बच्चे का क्या नाम था?
(अ) नीलाभ (ब) कृष्णा
(स) महादेव (द) नारायण

उत्तर के लिए कृपया पृष्ठ सं. 145 देखें

255. ''हमें बहुत ही दु:ख के साथ सूचित करना पड़ रहा है कि श्री एस. रामानुजन, बी.ए., एफ.आर.एस. की असामयिक मृत्यु 26 अप्रैल, 1920 सोमवार को चेटपट, मद्रास में उनके निवास पर हो गई। उनके जीवन और काम के बारे में आगामी जर्नल में प्रकाशित किया जाएगा।'' रामानुजन की असामयिक मृत्यु की सूचना किस जर्नल में प्रकाशित हुई थी ?

(अ) द हिंदू
(ब) मैथेमेटिकल मेल
(स) जर्नल ऑफ दि इंडियन मैथेमेटिकल सोसाइटी
(द) जर्नल ऑफ ट्रिनिटी कॉलेज

256. उस मद्रासी गणित के शिक्षक का नाम बताइए, जिसने रामानुजन के संस्मरणों को संकलित करके एक पुस्तक का रूप दिया और उसमें लिखा था—''ब्रिटेन के लोग सोचते हैं कि भारतीयों का स्तर कम होता है; परंतु रामानुजन ने इसके विपरीत दिखा दिया और हमारे हौसले को बढ़ाया है।''

(अ) पी.वी. शेषु अय्यर (ब) पी.के. श्रीनिवासन
(स) नारायण अय्यर (द) रामचंद्र राव

257. नॉर्वे के गणितज्ञ का नाम बताइए, जिसने सन् 1934 में 'रामानुजन कलेक्टेड पेपर्स' को पढ़ने के बाद कहा था, ''मैंने अब तक गणित की जो भी किताबें देखी हैं, उनसे अलग यह मेरे लिए पूरी तरह से एक नई दुनिया का रहस्योद्घाटन है, जिसमें कल्पना का बहुत अधिक आग्रह है। इसने मुझे यह प्रेरणा प्रदान की, जिससे मैंने अपना स्वयं का गणितीय कार्य शुरू किया।''

(अ) मार्डेल (ब) ई.एम. राइट
(स) फ्रीमैन डायसन (द) एटली सेलबर्ग

उत्तर के लिए कृपया पृष्ठ सं. 145 देखें

258. उस लेखक का नाम बताइए, जिसने अपनी पुस्तक 'इंट्रोडक्शन टू द हिस्ट्री ऑफ मैथेमेटिक्स' में गणित के प्रारंभिक पलों को रेखांकित किया है ? सन् 1917 में उनकी पुस्तक में हार्डी और रामानुजन का विश्लेषणात्मक संख्या सिद्धांत प्रकाशित हुआ था।

(अ) डी.ई. स्मिथ (ब) एफ. केजर

(स) हावर्ड ईव्स (द) ई.एम. राइट

259. सन् 1937 में किस गणितज्ञ ने लंदन मैथेमेटिकल सोसाइटी में अपने अध्यक्षीय संबोधन में कहा था, ''रामानुजन के सूत्र ने मुझे एक ऐसा रोमांच प्रदान किया है, जो उस उत्तेजना में छिपा हुआ है, जब मैं कैपिली मेडिसी के सेग्रेस्टिया नोवा में प्रवेश कर रहा था और मैंने देखा था कि मेरे सामने दिन, रात, शाम और सुबह को दरशानेवाली माइकल एंजेलो द्वारा बनाई गई चार आडंबरहीन मूर्तियाँ मेडिक्स के मकबरे पर लगी हुई थीं।''

(अ) जी.एन. वाटसन (ब) हार्डी

(स) ईमा लेहमर (द) ब्रूस बर्ण्ट

260. उस गणितज्ञ का नाम बताइए, जिसने रामानुजन के गणित के प्रति लगाव के लिए शैली की 'हाइम टू इंटेलेक्चुअल ब्यूटी' से निम्नांकित खूबसूरत पंक्तियाँ उन्हें सम्मानपूर्वक समर्पित की थीं—''मैंने प्रतिज्ञा की थी कि मैं अपनी शक्तियाँ तुझे समर्पित कर दूँगा। क्या मैंने अपनी प्रतिज्ञा पूरी की है ?''

(अ) जी.एन. वाटसन (ब) हार्डी

(स) ईमा लेहमर (द) ब्रूस बर्ण्ट

261. रामानुजन ने कितने थियरम पर काम किया है ?

(अ) 1,000 (ब) 2,000

(स) 3,000 (द) 4,000

उत्तर के लिए कृपया पृष्ठ सं. 145 देखें

262. रामानुजन के संगृहीत पेपर किस वर्ष पहली बार प्रकाशित हुए थे ?
(अ) सन् 1920 में (ब) सन् 1922 में
(स) सन् 1924 में (द) सन् 1927 में

263. रामानुजन के पेपर को प्रकाशित करनेवाला प्रकाशक कौन था ?
(अ) मद्रास यूनिवर्सिटी प्रेस
(ब) कैंब्रिज यूनिवर्सिटी प्रेस
(स) ऑक्सफोर्ड यूनिवर्सिटी प्रेस
(द) अन्ना यूनिवर्सिटी प्रेस

264. श्रीनिवास रामानुजन ट्रस्ट के युवा मेधावी गणित के विद्यार्थियों के लिए छात्रवृत्ति और पुरस्कार कौन देना चाहता था ?
(अ) जी.एच. हार्डी (ब) जानकी अम्मल
(स) राजशेखर रेड्डी (द) लिटिलवुड

265. उस अमेरिकी गणितज्ञ का क्या नाम था, जिसने रामानुजन की मूर्ति जानकी अम्मल को दी थी ?
(अ) डिक एस.के. (ब) जॉर्ज वाटसन
(स) ब्रूस बर्नड्ज (द) बी.एम. विल्सन

266. रामानुजन की नोटबुक में दिए गए 3542 थियरम को किस गणितज्ञ ने हल किया था ?
(अ) डिक एस.के. (ब) ब्रूस सी. बर्ण्ट
(स) पी.के. श्रीनिवासन (द) हार्डी

267. रामानुजन की मूर्ति को बनानेवाला शिल्पकार कौन था ?
(अ) पॉल ग्रैनलैंड (ब) नमिता झा
(स) एम.एफ. हुसैन (द) पं. रवि शंकर

268. शिल्पकार ने रामानुजन की काँसे की कितनी मूर्तियाँ बनाई थीं ?
(अ) 5 (ब) 7
(स) 9 (द) 10

उत्तर के लिए कृपया पृष्ठ सं. 145 देखें

269. रामानुजन की कांस्य प्रतिमा किस पर आधारित थी?

(अ) स्कूल फोटोग्राफ (ब) पासपोर्ट फोटोग्राफ

(स) कॉलेज फोटोग्राफ (द) विवाह के फोटोग्राफ

270. दुनिया भर में मौजूद होने के साथ आई.आई. साइंस, बैंगलोर; रक्षा मंत्रालय, नई दिल्ली और कुंभकोणम में भी निम्न में से कौन सी चीज मौजूद है?

(अ) रामानुजन की खो चुकी पुस्तक की प्रतिलिपि का संस्करण

(ब) रामानुजन की कांस्य प्रतिमा

(स) हार्डी की प्रतिमा

(द) जानकी की प्रतिमा

271. बी.आई.टी.एस., पिलानी में सरस्वती को समर्पित ऐसी कौन सी विलक्षण वस्तु है?

(अ) लक्ष्मी की प्रतिमा (ब) आर्यभट्ट की प्रतिमा

(स) रामानुजन की प्रतिमा (द) भास्कर की प्रतिमा

272. इनमें से कौन सा संख्याविद् है, जो जहाँ कहीं भी जाता था, रामानुजन के संगृहीत पेपर की एक प्रति साथ लेकर जाता था?

(अ) ब्रूस बर्ण्ट (ब) वाटसन

(स) एटली सेलबर्ग (द) हेमिल्टन

273. रामानुजन ने जिस घर में अपनी अंतिम साँसें ली थीं, उसका क्या नाम था?

(अ) क्रिस्टल (ब) क्राएंट

(स) गोमेत्रा (द) लुटियन जोन

274. रामानुजन की मूर्ति इनमें से कहाँ नहीं देखी जा सकती है?

(अ) टी.आई.एफ.आर., मुंबई

(ब) रक्षा विभाग, नई दिल्ली

(स) रमण शोध संस्थान, बैंगलोर

(द) दिल्ली विश्वविद्यालय

उत्तर के लिए कृपया पृष्ठ सं. 145 देखें

275. रामानुजन का विभाजन पर किया गया काम सेना के एक व्यक्ति के लिए प्रेरणा का काम था। वह व्यक्ति आगे चलकर एक महान् गणितज्ञ बना। वह व्यक्ति कौन था?

(अ) मैकमोहन (ब) पॉल गैरॉल्ड

(स) हार्डी (द) गॉस

276. रामानुजन के उतार-चढ़ाव को पीछे मुड़कर देखने के बाद ब्रूस सी. बर्ण्ट ने रामानुजन की तुलना किससे की थी?

(अ) हार्डी (ब) लिटिलवुड

(स) जॉन सेबेस्टियन बीच (द) जॉर्ज बेले

277. इनमें से किस फाउंडेशन ने रामानुजन की पत्नी को पेंशन प्रदान की थी?

(अ) भारतीय राष्ट्रीय विज्ञान अकादमी

(ब) इंस्टीट्यूट ऑफ मैथेमेटिकल साइंस

(स) टोटल फाउंडेशन

(द) हिंदुजा फाउंडेशन

278. जानकी अम्मल की मृत्यु किस आयु में हुई थी?

(अ) 80 (ब) 87

(स) 94 (द) 97

279. भारत सरकार ने रामानुजन के जन्म-दिवस के कीर्तिगान में किस वर्ष डाक टिकट जारी किया था?

(अ) वर्ष 1960 में (ब) वर्ष 1961 में

(स) वर्ष 1962 में (द) वर्ष 1963 में

280. रामानुजन के 75वें जन्म-दिवस की स्मृति में कितने डाक टिकट जारी किए गए थे और वे जारी होने के पहले दिन बिक भी गए थे?

(अ) 20 लाख (ब) 25 लाख

(स) 30 लाख (द) 35 लाख

उत्तर के लिए कृपया पृष्ठ सं. 145 देखें

281. उस संस्थान का क्या नाम है, जिसने रामानुजन के 75वें जन्म-दिवस पर अपने संस्थान के एक भवन का नाम उनके नाम पर रखा है?

(अ) मद्रास विश्वविद्यालय

(ब) अन्ना विश्वविद्यालय

(स) टाउन हाई स्कूल, कुंभकोणम

(द) प्रेसीडेंसी कॉलेज

282. उस अमेरिकी प्रोफेसर का क्या नाम था, जो भारतीय गणितज्ञ रामानुजन के काम से बहुत प्रभावित था और उसने अपनी पी-एच.डी. रामानुजन के मॉक थीटा पर ही की थी?

(अ) डेविड हिल्बर्ट (ब) जॉर्ज ई. एंड्रूज

(स) वाटसन (द) डी.ई. स्मिथ

283. उस विश्वविद्यालय का क्या नाम था, जहाँ प्रो. जी.एच. हार्डी ने रामानुजन पर दो भाषण दिए थे और जो बाद में एक पुस्तक के रूप में प्रकाशित हुए। उसका नाम 'रामानुजन : ट्वेल्व लेक्चर्स इंसपायर्ड बाय हिज लाइफ एंड वर्क'।

(अ) ऑक्सफोर्ड यूनिवर्सिटी (ब) कैंब्रिज यूनिवर्सिटी

(स) येल यूनिवर्सिटी (द) मद्रास यूनिवर्सिटी

284. उस भारतीय भौतिक-शास्त्री का क्या नाम है, जिसने रामानुजन की अनुलिपि को प्रकाशित करने का कार्य किया था?

(अ) डॉ. जे. नार्लिकर (ब) सत्येंद्र नाथ बोस

(स) डॉ. होमी जहाँगीर भाभा (द) सी.बी. रमण

285. वह कौन सा पेपर है, जिसमें रामानुजन के 10 बहुत ही बेहतरीन सूत्र 'नोटिसेज ऑफ अमेरिकन मैथेमेटिकल सोसाइटी' में प्रकाशित हुए हैं और जिस पर सन् 1950 में एक टी.वी. सीरियल भी बन चुका था?

(अ) दि इंडियन क्लर्क (ब) योर हिट परेड

(स) लाइफ ऑफ रामानुजन (द) अननेम्ड जीनियस

उत्तर के लिए कृपया पृष्ठ सं. 146 देखें

286. रामानुजन की नोटबुक की प्रतिकृति संस्करण टी.आई.एफ.आर. में उपलब्ध है। यह किसके द्वारा लिखी गई है?

(अ) ब्लू इंक (ब) ब्लैक इंक

(स) रेड इंक (द) ग्रीन इंक

287. रामानुजन की नोटबुक के मूल तीन खंड किसने संपादित किए और रामानुजन के थियरम के हल के साथ उन्हें पाँच खंडों में प्रकाशित किया गया था?

(अ) जी. डब्ल्यू. वाटसन (ब) जी.एच. हार्डी

(स) ब्रूस सी. बर्ण्ट (द) लिटिलवुड

288. श्रीनिवास रामानुजन की 125वीं वर्षगाँठ पर साल भर के समारोह के रूप में दिसंबर 2011 में एक नया डाक टिकट जारी किया गया है। इसे किसने जारी किया है?

(अ) सोनिया गांधी (ब) डॉ. पल्लम राजू

(स) डॉ. मनमोहन सिंह (द) एम. करुणानिधि

289. सन् 1927 में रामानुजन के संगृहीत पेपर को प्रो. जी.एच. हार्डी और पी.वी. शेषु अय्यर के अतिरिक्त किसने संपादित किया था?

(अ) बी.एम. विल्सन (ब) जी.एन. वाटसन

(स) ईमा लेहमर (द) ब्रूस बर्ण्ट

□

उत्तर के लिए कृपया पृष्ठ सं. 146 देखें

अध्याय-2

पुस्तकें और पेपर्स

1. ट्रिनिटी कॉलेज में 'लॉस्ट नोटबुक ऑफ रामानुजन' किसे प्राप्त हुई थी?

   (अ) जॉन बाख (ब) एंड्रूज जॉर्ज

   (स) क्रिस्टोफर रेन (द) जी.एच. हार्डी

2. 'लॉस्ट नोटबुक ऑफ रामानुजन' की पांडुलिपि में कुल कितने पेज थे?

   (अ) 100 (ब) 120

   (स) 140 (द) 200

3. 'लॉस्ट नोटबुक ऑफ रामानुजन' में कुल कितने सूत्र हैं?

   (अ) 400 (ब) 500

   (स) 800 (द) 600

4. ट्रिनिटी कॉलेज की लाइब्रेरी का क्या नाम था, जिसमें एंड्रूज को रामानुजन की पांडुलिपि के खुले हुए पन्ने मिले थे, जिसे बाद में 'लॉस्ट नोटबुक ऑफ रामानुजन' के नाम से जाना गया?

   (अ) हार्डी लाइब्रेरी (ब) रेन लाइब्रेरी

   (स) डी.पी.एल. (द) ऑक्सफोर्ड लाइब्रेरी

उत्तर के लिए कृपया पृष्ठ सं. 146 देखें

5. रामानुजन की नोटबुक को संपादित करने का प्रयास किसने किया था?
(अ) जी.एच. हार्डी (ब) एंड्रूज जॉर्ज
(स) ब्रूस बर्ण्ट (द) इरीमैन डायसन

6. 'लॉस्ट नोटबुक ऑफ रामानुजन' की प्रतिलिपि को संपादित करनेवाले भारतीय संस्थान का क्या नाम था?
(अ) अन्ना विश्वविद्यालय
(ब) मद्रास विश्वविद्यालय
(स) टी.आई.एफ.आर.
(द) इंडियन इंस्टीट्यूट ऑफ साइंस

7. रामानुजन की नोटबुक की प्रतिलिपि के संपादन के लिए टी.आई.एफ.आर. को किस ट्रस्ट ने आर्थिक सहायता प्रदान की थी?
(अ) टाटा फाउंडेशन
(ब) सर दादाभाई नौरोजी ट्रस्ट
(स) रामानुजन ट्रस्ट
(द) प्रेस ट्रस्ट ऑफ इंडिया

8. सन् 1957 में टी.आई.एफ.आर. ने रामानुजन की नोटबुक के कुल कितने खंड प्रकाशित किए थे?
(अ) 1 (ब) 2
(स) 3 (द) 4

9. 'रामानुजन : लेटर्स एंड कमेंट्री' नामक पुस्तक का लेखक कौन था?
(अ) रॉबर्ट रैनकिन (ब) ब्रूस सी. बर्ण्ट
(स) जी.एच. हार्डी (द) पी.के. श्रीनिवासन

10. 'लॉस्ट नोटबुक ऑफ रामानुजन' किस वर्ष मिली थी?
(अ) सन् 1927 में (ब) सन् 1957 में
(स) सन् 1976 में (द) सन् 1987 में

उत्तर के लिए कृपया पृष्ठ सं. 146 देखें

11. उस गणितज्ञ का क्या नाम था, जिसने रामानुजन की लॉस्ट नोटबुक की बीथोवेन के दसवें सुर संगीत की पूर्ण स्थिति की खोज के साथ विवेचना की थी?

(अ) रॉबर्ट रैनकिन (ब) ईमा लेहमर

(स) ब्रूस बर्ण्ट (द) वाटसन

12. किस पुस्तक में भारतीय खगोल भौतिक-शास्त्री जयंत नार्लिकर ने लिखा है—''रामानुजन का कार्य 20वीं सदी की दस महान् उपलब्धियों में से एक है और यह नोबेल पुरस्कार के लिए माना जा सकता है।''

(अ) विज्ञान दर्शन (ब) साइंटिफिक एज

(स) साइंटिफिक वर्ल्ड (द) साइंस पैनोरमा

13. सन् 1987 में किस भारतीय प्रधानमंत्री ने 'लॉस्ट नोटबुक ऑफ रामानुजन' को प्रकाशित किया था?

(अ) इंदिरा गांधी (ब) राजीव गांधी

(स) मनमोहन सिंह (द) अटल बिहारी वाजपेयी

14. सन् 1987 में 'लॉस्ट नोटबुक ऑफ रामानुजन' के प्रकाशित होने के साथ कौन सा प्रकाशन संस्थान आगे आया?

(अ) ऑक्सफोर्ड प्रेस (ब) ब्रिटानिका

(स) नरोसा पब्लिशिंग हाउस (द) मैकमिलन

15. सन् 1987 में तत्कालीन प्रधानमंत्री राजीव गांधी के हाथों 'रामानुजन्स लॉस्ट नोटबुक' की प्रथम प्रतिलिपि किसने स्वीकार की थी?

(अ) कोमलताम्मल (ब) जी.एच. हार्डी

(स) जानकी अम्मल (द) जॉर्ज वाटसन

16 'रामानुजन : ट्वेल्व लेक्चर्स ऑन सब्जेक्ट्स सजेस्टेड बाय हिज लाइफ एंड वर्क' नामक पुस्तक किसने लिखी थी?

(अ) जी.एच. हार्डी (ब) जे.ई. लिटिलवुड

(स) जॉर्ज वाटसन (द) ब्रूस बर्ण्ट

उत्तर के लिए कृपया पृष्ठ सं. 146 देखें

17. 'रामानुजन : द मैन एंड द मैथेमेटीशियन' पुस्तक के लेखक कौन थे ?

(अ) रामचंद्र राव (ब) एस.आर. रंगनाथन

(स) आर.ए. रैंकिन (द) ब्रूस सी. बर्ण्ट

18. 'रामानुजन : लेटर्स एंड कमेंटरी' नामक विख्यात पुस्तक दो लेखकों ने मिलकर लिखी थी, जिसके एक लेखक ब्रूस सी. बर्ण्ट थे और दूसरे कौन थे ?

(अ) आर.ए. रैनकिन (ब) रामचंद्र राव

(स) जॉर्ज वाटसन (द) जी.एच. हार्डी

19. सन् 1987 में मैथेमेटिकल और फिजिकल साइंस के जर्नल में एक निबंध 'श्रीनिवास रामानुजन' (दि इन्वेंटर ऑफ द सर्किल मेथड) प्रकाशित हुआ था। यह रचना किसने लिखी थी ?

(अ) पी.वी. श्रीनिवासन (ब) के. रामचंद्र

(स) जी.एच. हार्डी (द) के.आर. राव

20. इनमें से किस पुस्तक के लेखक के. श्रीनिवास राव थे ?

(अ) रामानुजन : द मैन एंड द मैथेमेटीशियन

(ब) रामानुजन : ट्वेल्व लेक्चर्स ऑन सब्जेक्ट्स सजेस्टेड बाय हिज लाइफ ऐंड वर्क

(स) श्रीनिवास रामानुजन : ए मैथेमेटिकल जीनियस

(द) द मैन हू न्यू इनफिनिटी

21. इनमें से किस पुस्तक में रामानुजन की जीवनी बताई गई है ?

(अ) नंबस (ब) द पीस बार

(द) गोल्डबाख कंजक्चर (द) गोमेत्रा

22. 'द पीस मेकर' नामक पुस्तक के लेखक कौन थे ?

(अ) ब्रूस सी. बर्ण्ट (ब) रॉबिन सेठ

(स) बर्नर वेज (द) जी.एच. हार्डी

उत्तर के लिए कृपया पृष्ठ सं. 146 देखें

23. इनमें से कौन सा उपन्यास रामानुजन के चरित्र को दरशाता है?
(अ) अंकल पेट्रोज (ब) गोल्ड बैक कंजक्चर
(स) टॉम एंड हेनरी (द) जी.एच. हार्डी

24. 'गोल्डबाख कंजक्चर' नामक उपन्यास किसने लिखा था?
(अ) ब्रूस सी. बर्ण्ट (ब) रॉबिन शर्मा
(स) एपास्टोलोस डाक्सियाडिस (द) जी.एच. हार्डी

25. सिरिल कर्नब्लंथ के द्वारा लिखी गई उस लघु कथा का क्या नाम था, जिसमें रामानुजन को स्वयं शिक्षित गणित का विद्वान् बताया गया है?
(अ) गोमेत्रा (ब) गोमेज
(स) टोपाज (द) नंबर्स

26. वह कौन सा उपन्यास था, जो जेन वालिंग अपने कंप्यूटर इंटरफेस के रूप में रामानुजन के प्रस्तुतीकरण का इस्तेमाल एक चरित्र के रूप में करता है?
(अ) अर्थ (ब) दि इंडियन क्लर्क
(स) इंडियन हीरो (द) एयर

27. 'अर्थ' नामक उपन्यास किसने लिखा था?
(अ) ब्रूस बर्ण्ट (ब) डेविड ब्रिन
(स) साइमन टॉफेल (द) पॉल एडम्स

28. वार्नर विंज द्वारा लिखे गए उपन्यास का क्या नाम था, जिसमें गणित के एक प्रतिभाशाली युवा को 'माई लिटिल रामानुजन' के रूप में बताया गया है?
(अ) द पीस वार (ब) अर्थ
(स) दि इंडियन (द) प्रिंसिपिया

29. 'द मैन हू न्यू इनफिनिटी; ए लाइफ ऑफ जीनियस रामानुजन' नामक जीवनी किसने लिखी थी?
(अ) न्यूटन (ब) पं. रामलाल
(स) रॉबर्ट केनीजेल (द) सी.पी. पिकओवर

उत्तर के लिए कृपया पृष्ठ सं. 146 देखें

30. 'ट्वायल्स एंड ट्रिम्फ ऑफ श्रीनिवास रामानुजन : द मैन एंड द मैथेमेटीशियन' नामक पुस्तक का लेखक कौन था?

(अ) ब्रूस सी. बर्ण्ट (ब) वजीर हसन आब्दी

(स) एम.एफ. हुसैन (द) मैरी टेलर

31. रामानुजन और हार्डी के बीच संबंधों को ढूँढ़नेवाले उपन्यास का क्या नाम है?

(अ) अर्थ (ब) दि इंडियन क्लर्क

(स) नंबर्स (द) द मैन हू न्यू मैथेमेटिक्स

32. 'दि इंडियन क्लर्क' नामक उपन्यास किसने लिखा था?

(अ) राजीव सक्सेना (ब) डेविड लीविट

(स) सी.के. पिकओवर (द) रॉबर्ट कानीजेल

33. 'अमेरिकन मैथेमेटिकल मंथली' के दिसंबर 1997 के अंक में रामानुजन पर एक बहुत ही रोचक निबंध छपा था। उस निबंध का शीर्षक था, 'रामानुजन टैक्सी कैब्स, बर्थडेट्स, जिप कोड्स एंड ट्विस्ट्स'। इस निबंध को किसने लिखा था?

(अ) सी.के. पिकओवर (ब) डी.ई. स्मिथ

(स) प्रो. केन ओवो (द) जी.एच. हार्डी

34. 'इन द केस ऑफ फिलॉसफर्स रिंग' में हार्डी और रामानुजन को जानवरों के रूप में चित्रित किया गया है। रामानुजन के चरित्र को किस जानवर के रूप में दरशाया गया है?

(अ) शेर (ब) सफेद खरगोश

(स) बैल (द) गाय

35. किस उपन्यास में रामानुजन को हार्डी के लिखे पत्रों की घटना को बताया गया है?

(अ) दि इंडियन हीरो (ब) द मैन हू न्यू इनफिनिटी

(स) दि इंडियन क्लर्क (द) सुपर थर्टी

उत्तर के लिए कृपया पृष्ठ सं. 146 देखें

36. इनमें से शरलक होम्स की किस पुस्तक में रामानुजन और हार्डी के चरित्रों का चित्रण है?
    (अ) द केस ऑफ फिलॉसफर्स रिंग
    (ब) दि इंडियन क्लर्क
    (स) गुडविल हंटिंग
    (द) सुपर थर्टी

37. उस अंग्रेज प्रोफेसर का क्या नाम था, जिसने 'थियरम स्टेटेड बाय रामानुजन' के शीर्षक से 14 पेपर प्रकाशित कराए थे?
    (अ) ब्रूस सी. बर्ण्ट (ब) जॉन टेलर
    (स) जी.एन. वाटसन (द) जी.एच. हार्डी

38 रामानुजन मैथेमेटिकल एकेडमी और मैथेमेटिक्स लाइब्रेरी का त्रैमासिक जर्नल कौन सा है?
    (अ) गणित उत्कर्ष
    (ब) गणित वाहिनी
    (स) मैथ्स टुडे
    (द) आविष्कार

39. उस संस्थान का क्या नाम था, जिसने श्रीनिवास रामानुजन की नोटबुक का संपादन वर्ष 2012 में किया था?
    (अ) टी.आई.एफ.आर. (ब) आई.आई.टी.
    (स) आई.आई. साइंस (द) कैंब्रिज

40. निम्नांकित में से कौन सा लेख जे.एम. बोरवेन और पी.बी. बोरवेन के द्वारा लिखा गया था?
    (अ) रामानुजन की विभाजन संख्या
    (ब) मॉक थीटा फंक्शन
    (स) रामानुजन और पाई
    (द) दीर्घवृत्तीय समाकलन

उत्तर के लिए कृपया पृष्ठ सं. 146 देखें

41. 'रिफ्लेक्शन ऑन ट्रेडीशन, सेंटर एंड पेरीफेरी एंड द यूनिवर्सल वैलिडिटी ऑफ साइंस : द सिग्नीफिकेंस ऑफ द लाइफ ऑफ एस. रामानुजन' नामक शीर्षक से सन् 1991 में 'मिनर्वा' में किसने लेख प्रकाशित करवाया था?

(अ) डेविड सी. ब्रूस (ब) एडवर्ड शिल्स

(स) केन ओवो (द) जी.एन. वाटसन

42. रामानुजन और हार्डी ने साथ मिलकर कितने पेपर प्रकाशित कराए थे?

(अ) 30 (ब) 35

(स) 38 (द) 39

□

उत्तर के लिए कृपया पृष्ठ सं. 146 देखें

अध्याय-3

नाटक, चलचित्र और डॉक्यूमेंटरीज

1. नेविले ने किस वर्ष में रामानुजन पर रेडियो भाषण लिखा था?

   (अ) सन् 1919 में　　(ब) सन् 1931 में

   (स) सन् 1941 में　　(द) सन् 1970 में

2. रामानुजन पर 31 भागोंवाली शृंखला रचना किस तमिल पत्रकार ने लिखी थी?

   (अ) टी.वी. रंगास्वामी　　(ब) रामचंद्र राव

   (स) पी.के. श्रीनिवासन　　(द) पी.वी. शेषु अय्यर

3. इनमें से कौन सा नाटक रामानुजन और हार्डी के बीच के उनके जटिल और अव्यावहारिक संबंधों के इर्द-गिर्द केंद्रित था?

   (अ) गुडविल हंटिंग　　(ब) द फर्स्ट क्लास मैन

   (स) जीरो टू इनफिनिटी　　(द) रेस

4. निम्नांकित में से रामानुजन पर बनी हॉलीवुड की कौन सी फिल्म है?

   (अ) गुडविल हंटिंग

   (ब) फिल्म फर्स्ट क्लास मैन

   (स) जीरो टू इनफिनिटी

   (द) रेस

उत्तर के लिए कृपया पृष्ठ सं. 146 देखें

5. रॉबर्ट कानीजेल द्वारा लिखित पुस्तक 'द मैन हू न्यू इनफिनिटी : ए लाइफ ऑफ जीनियस' पर एडवर्ड प्रेसमैन और मैथ्यू ब्राउन ने एक फिल्म बनाई थी। किस भारतीय हीरो ने उस फिल्म में रामानुजन की भूमिका निभाई थी ?

(अ) आमिर खान (ब) आर. महादेवन
(स) अमिताभ बच्चन (द) अनिल कपूर

6. रामानुजन और जी.एच. हार्डी के संबंधों पर आधारित नई फिल्म का क्या नाम है ? यह फिल्म आगामी वर्ष में आने भी वाली है ?

(अ) इंडियन क्लर्क
(ब) द फर्स्ट क्लास मैन
(स) रामानुजन एंड हार्डी
(द) सुपर थर्टी

7. 'द फर्स्ट क्लास मैन' नामक फिल्म को कौन निर्देशित करेगा ?

(अ) रोजर स्पाटिसवोड (ब) आर. महादेवन
(स) अमिताभ बच्चन (द) आमिर खान

8. रामानुजन की भूमिका अदा करनेवाले भारतीय हीरो का क्या नाम है ?

(अ) अमिताभ बच्चन (ब) सिद्धार्थ
(स) आमिर खान (द) आर. महादेवन

9. 'गॉड, जीरो एंड इनफिनिटी' नामक डॉक्यूमेंट्री में किस गणितज्ञ को दिखाया गया है ?

(अ) आर्यभट्ट (ब) ब्रह्मगुप्त
(स) रामानुजन (द) हार्डी

10. 'गॉड, जीरो एंड इनफिनिटी' नामक डॉक्यूमेंट्री का वाचक कौन है ?

(अ) डिक्सन (ब) साइमन टाफेल
(स) टॉम आल्टर (द) टोनी ग्रेग

उत्तर के लिए कृपया पृष्ठ सं. 146 देखें

11. किस फिल्म में रामानुजन के दत्तक पुत्र का साक्षात्कार शामिल किया गया है?

(अ) रेस 3 (ब) दबंग

(स) गॉड, जीरो एंड इनफिनिटी (द) दि इंडियन क्लर्क

12. रामानुजन के जीवन पर एक नाटक 'ए डिसएपीयरिंग नंबर' हाल ही में खेला गया है। इसका मंचन कहाँ हुआ था?

(अ) भारत (ब) दक्षिण अफ्रीका

(स) इंग्लैंड (द) अमेरिका

13. रॉबर्ट केनजेल की कौन सी पुस्तक रामानुजन के जीवन के बारे में बताती है और इस पर हॉलीवुड की फिल्म भी बन रही है?

(अ) दि इंडियन क्लर्क (ब) द मैन हू न्यू इनफिनिटी

(स) गॉड, जीरो एंड इनफिनिटी (द) सुपर थर्टी

14. हॉलीवुड की फिल्म 'हाई स्कूल म्यूजिकल' में रामानुजन से संबंधित कौन सा खास दृश्य है?

(अ) विभाजन संख्या पर

(ब) रामानुजन के $1/\pi$ की शृंखला पर सूत्र

(स) मॉक थीटा फंक्शन

(द) दीर्घवृत्तीय समाकलन

15. सन् 1950 और 1960 में रामानुजन पर प्रसारित होनेवाले अमेरिकन शो का क्या नाम था?

(अ) नंबर्स (ब) इंडियन क्लर्क

(स) योर हिट परेड (द) सुपर थर्टी

16. किस सी.बी.एस. टी.वी. सीरियल में रामानुजन के चरित्र को दिखाया गया है?

(अ) योर हिट परेड (ब) नंबर थियरी

(स) नंबर्स (द) गोमेत्रा

उत्तर के लिए कृपया पृष्ठ सं. 146 देखें

17. रामानुजन के जीवन पर किस थिएटर कंपनी ने अपना प्रोडक्शन शुरू किया है?
    (अ) सी.बी.एस. (ब) बी.बी.सी.
    (स) संगीत कला केंद्र (द) कांप्लीसिट
18. साइमन मैकबर्नी द्वारा निर्देशित रामानुजन के जीवन पर आधारित नाटक का क्या नाम है?
    (अ) योर हिट परेड (ब) ए डिसएपीयरिंग नंबर
    (स) नंबर्स (द) रामानुजन
19. 'आइजक एसीमोव' में यूगो एमारिल के चरित्र का आधार एक गणितज्ञ है। यह गणितज्ञ कौन था?
    (अ) आर्यभट्ट (ब) ब्रह्मगुप्त
    (स) महावीर (द) रामानुजन
20. 22 मार्च, 1988 को रामानुजन के जीवन पर पी.बी.एस. सीरीज नोवा पर एक डॉक्यूमेंट्री प्रसारित की गई थी। उसका क्या नाम था?
    (अ) दि इंडियन क्लर्क
    (ब) ए डिसएपीयरिंग हीरो
    (स) द मैन हू लव्ड नंबर्स
    (द) द मैन हू न्यू इनफिनिटी
21. उस टेलीविजन शो का क्या नाम था, जिसमें हार्डी और रामानुजन संख्या पर बहुत से जोक्स हैं?
    (अ) फ्युचुरमा (ब) 1729
    (स) नंबर्स (द) योर हिट परेड
22. 'लूसी नंबर स्लीविन' नामक फिल्म में रामानुजन और हार्डी की एक संख्या के बारे में बताया गया है। वह संख्या कौन सी है?
    (अ) 1729 (ब) 4184
    (स) 6174 (द) 1089

उत्तर के लिए कृपया पृष्ठ सं. 146 देखें

23. अप्लाइड मैथेमेटिक्स के भारतीय मूल के प्रोफेसर का क्या नाम था, जिसने 'नंबर्स' नामक नाटक में भूमिका अदा की थी और वह नाटक श्रीनिवास रामानुजन के जीवन पर आधारित था?

(अ) जानकी रामानुजन (ब) डॉ. अनीता रामानुजन
(स) डॉ. चंद्रमौलि जोशी (द) डॉ. अमृता राव

24. उस टी.वी. शो का क्या नाम था, जिसमें रामानुजन की पत्नी आई थीं?

(अ) लेटर्स फ्रॉम एन इंडियन क्लर्क
(ब) नंबर्स
(स) योर हिट परेड
(द) द मैन हू लव्ड नंबर्स

25. 31 दिसंबर, 2005 को कम्युनिटी रेडियो पर रामानुजन के जीवन पर आधारित काव्य नाटक किसने तैयार किया था?

(अ) मार्क टेलर (ब) मार्क वाघ
(स) मार्क एंजिलबर्क (द) नौशाद अली

26. 'गॉड, जीरो एंड इनफिनिटी' नामक फिल्म में भारत के किस पूर्व राष्ट्रपति का साक्षात्कार है?

(अ) शंकर दयाल शर्मा (ब) प्रतिभा पाटिल
(स) ए.पी.जे. अब्दुल कलाम (द) राजेंद्र प्रसाद

27. 'गॉड, जीरो एंड इनफिनिटी' नामक फिल्म की कई स्थानों पर शूटिंग हुई थी। यह फिल्म भारतीय गणितज्ञ रामानुजन पर आधारित है। उस स्थान को पहचानिए, जहाँ इस फिल्म की शूटिंग नहीं हुई थी?

(अ) कुंभकोणम
(ब) टी.आई.एफ.आर.
(स) ट्रिनिटी कॉलेज
(द) दिल्ली विश्वविद्यालय

उत्तर के लिए कृपया पृष्ठ सं. 146 देखें

28. 'द फर्स्ट क्लास मैन' नामक फिल्म के निर्देशक का क्या नाम है? ये निर्देशक अपनी जेम्स बांड की फिल्म 'टुमारो नेवर डाइज' के लिए भी जाने जाते हैं। वे श्रीनिवास रामानुजन के जीवन पर 'द फर्स्ट क्लास' नामक फिल्म भी बनाने वाले हैं।

(अ) आमिर खान (ब) रॉर्बट केनीजेल

(स) रॉर्बट स्पाटिसवुड (द) अनिल कपूर

29. ऑल इंडिया रेडियो के किस रेडियो स्टेशन ने 'रामानुजन : द मैन एंड द मैथेमेटीशियन' पर एक वार्त्ता प्रस्तुत की थी?

(अ) दिल्ली (ब) बंबई

(स) मद्रास (द) कलकत्ता

30. उस रेडियो स्टेशन का क्या नाम है, जिसने सन् 2005 में '1729 : द फर्स्ट टैक्सी कैब नंबर' नामक शो का प्रसारण किया था?

(अ) बी.बी.सी. (ब) ए.आई.आर.

(स) बी.ओ.आई. (द) रेडियो पाकिस्तान

31. रामानुजन पर 'ए डिसएपीयरिंग नंबर' नामक मशहूर नाटक भारत में कब मंचित हुआ था?

(अ) वर्ष 2010 में (ब) वर्ष 2011 में

(स) वर्ष 2012 में (द) वर्ष 2013 में

32. इरा हाप्टन द्वारा लिखित नाटक का नाम बताइए, जिसमें हार्डी और रामानुजन के बीच के संबंधों की खोज के अतिरिक्त इसमें नामगिरि रामानुजन से बात करते हैं।

(अ) पार्टीशन (ब) गॉड, जीरो एंड इनफिनिटी

(स) टुमारो नेवर डाइज (द) दि इंडियन क्लर्क

33. चैनल 4 पर सन् 1987 में कौन सी डॉक्यूमेंट्री प्रसारित हुई थी, जिसमें रामानुजन और हार्डी के बीच के संबंधों पर रोशनी डाली गई थी?

(अ) पार्टीशन (ब) इक्वीनाक्स

(स) फ्युचुरमा (द) टैक्सी कैब

उत्तर के लिए कृपया पृष्ठ सं. 146-147 देखें

34. अगस्त 2010 में गणितज्ञों की इंटरनेशनल कांग्रेस में साइमन मैकबर्नी द्वारा निर्देशित नाटक का क्या नाम है ?

(अ) पार्टीशन | (ब) ए डिसएपीयरिंग नंबर
(स) इक्वीनाक्स | (द) गुडविल हंटिंग

35. सन् 1998 में म्यूनिख में मंचित नाटक का इनमें से क्या नाम है ?

(अ) लाइफ ऑफ पाई | (ब) गुडविल हंटिंग
(स) ओपेरा रामानुजन | (द) पाई डे

36. रामानुजन के जीवन पर कविता लिखनेवाले कवि का नाम बताइए।

(अ) रवींद्रनाथ टैगोर | (ब) महादेवी वर्मा
(स) जोनाथन होल्डन | (द) मार्क टेलर

37. संतोष धवल द्वारा निर्देशित डॉक्यूमेंट्री फिल्म का क्या नाम था, जिसमें उन्होंने रामानुजन के गणितीय कार्य यानी संयुक्त फलन, रोजर–रामानुजन पहचान और रामानुजन–थीटा फलन पर ध्यान केंद्रित किया है ?

(अ) दि इंडियन क्लर्क | (ब) गॉड, जीरो एंड इनफिनिटी
(स) द मैन हू न्यू इनफिनिटी | (द) द फर्स्ट क्लास मैन

□

उत्तर के लिए कृपया पृष्ठ सं. 147 देखें

अध्याय-4

छात्रवृत्ति और पुरस्कार

1. एस.ए.एस.टी.आर.ए. रामानुजन पुरस्कार कौन सा भारतीय विश्वविद्यालय प्रायोजित करता है ?
   (अ) मद्रास विश्वविद्यालय
   (ब) एस.ए.एस.टी.आर.ए. यूनिवर्सिटी
   (स) इलाहाबाद विश्वविद्यालय
   (द) दिल्ली विश्वविद्यालय
2. श्रीनिवास रामानुजन द्वारा दिया जानेवाला पुरस्कार कौन सा है, जिसमें गणितज्ञ को गणित के क्षेत्र में उसके विशेष योगदान के लिए इसे दिया जाता है, परंतु उसकी आयु 32 वर्ष से अधिक नहीं होनी चाहिए।
   (अ) आई.सी.टी.पी. पुरस्कार
   (ब) रामानुजन पुरस्कार
   (स) एस.एस.टी.आर.ए. रामानुजन पुरस्कार
   (द) भटनागर पुरस्कार

उत्तर के लिए कृपया पृष्ठ सं. 147 देखें

3. एस.ए.ए.टी.आर.ए. रामानुजन पुरस्कार दक्षिण भारत की एस.एस. टी.आर.ए. एकेडमी द्वारा दिया जाता है। एस.एस.टी.आर.ए. से क्या तात्पर्य है?
   (अ) द साउथ इंडियन यूनिवर्सिटी
   (ब) द शनमुग्धा आर्ट्र्स, साइंस, टेक्नोलॉजी, रिसर्च एकेडमी
   (स) साउथ एशियन साइंटिफिक अवार्ड
   (द) श्रीलंकन एकेडमी आफ टेलीकम्युनिकेशन अवार्ड
4. आई.सी.टी.पी. रामानुजन पुरस्कार कौन प्रायोजित करता है?
   (अ) आई.सी.टी.पी. सोसाइटी, इटली
   (ब) आई.सी.टी.पी. सोसाइटी, अमेरिका
   (स) आई.सी.टी.पी. सोसाइटी, भारत
   (द) आई.सी.टी.पी. सोसाइटी, ब्राजील
5. कौन सा रामानुजन पुरस्कार वार्षिक रूप से उस 45 वर्ष से कम शोधकर्ता को प्रदान किया जाता है, जो विकासशील देश से आता है और उसका गणित के क्षेत्र में महत्त्वपूर्ण योगदान है।
   (अ) एस.ए.एस.टी.आर.ए. रामानुजन पुरस्कार
   (ब) एस.ए.एस.टी.आर.ए. हार्डी पुरस्कार
   (स) आई.सी.टी.पी. रामानुजन पुरस्कार
   (द) आई.सी.टी.पी. हार्डी पुरस्कार
6. आई.सी.टी.पी. से क्या आशय है?
   (अ) इंटरनेशनल कांग्रेस ऑफ टी प्लांटिंग
   (ब) इंटरनेशनल क्रिस्टल टेलीप्रिंटिंग
   (स) द अब्दुस सलाम इंटरनेशनल सेंटर फॉर थियरिटिकल फिजिक्स
   (द) इंटरनेशनल कांग्रेस ऑफ थियरी फिजिक्स

उत्तर के लिए कृपया पृष्ठ सं. 147 देखें

7. अप्रैल 2012 में एस.ए.एस.टी.आर.ए. रामानुजन पुरस्कार किस अमेरिकी विद्वान् ने प्रदान किया था?

(अ) प्रो. जी.वी. युन (ब) प्रो. के. ओनो

(स) अनिता सिंह (द) डॉ. सी.वी. जोशी

8. विकासशील देशों के द्वारा युवा गणितज्ञ के लिए रामानुजन पुरस्कार कब से आरंभ हुआ है?

(अ) वर्ष 2005 से (ब) वर्ष 2010 से

(स) वर्ष 2003 से (द) वर्ष 2004 से

9. सन् 2012 में विकासशील देशों के द्वारा प्रदान रामानुजन पुरस्कार ब्राजील के किस गणितज्ञ को मिला है?

(अ) फर्नांडो

(ब) फर्नांडो कोडा मा मार्कीस

(स) डॉ. के. ओनो

(द) टी. हुई

10. भारत सरकार ने हाल ही में दुनिया भर के मेधावी वैज्ञानिकों और इंजीनियरों के लिए एक छात्रवृत्ति शुरू की है। यह किस क्षेत्र के लिए है?

(अ) गणित अनुसंधान के लिए

(ब) रामानुजन प्रोजेक्ट के लिए

(स) वैज्ञानिक अनुसंधान के लिए

(द) गणित की शिक्षा के लिए

11. इनमें से किसे शोधवृत्ति दी गई?

(अ) 40 वर्ष से कम आयु वर्ग

(ब) 50 वर्ष से कम आयु वर्ग

(स) 60 वर्ष से कम आयु वर्ग

(द) 45 वर्ष से कम आयु वर्ग

उत्तर के लिए कृपया पृष्ठ सं. 147 देखें

12. रामानुजन की शोधवृत्ति कितने की है ?
    (अ) 70,000 रु. प्रतिमाह + 4 लाख रु. अन्य व्यय हेतु
    (ब) 75,000 रु. प्रतिमाह + 5 लाख रु. सभाओं और अन्य व्यय हेतु
    (स) 80,000 रु. प्रतिमाह + 6 लाख रु. अनुसंधान कार्य हेतु
    (द) 1,00,000 रु. प्रतिमाह + 12 लाख रु. अनुसंधान कार्य हेतु
13. भारत के नव-विचारक, शिक्षार्थी, वैज्ञानिक एवं उद्यमी, जो अपने नवीन खोजी विचारों को वास्तविकता में परिवर्तित करने के लिए तैयार हैं, उनके लिए किस पुरस्कार की रचना की गई है ?
    (अ) रामानुजन एस.ए.एस.टी.आर.ए. पुरस्कार
    (ब) रामानुजन-बोस पुरस्कार
    (स) आई.सी.टी.पी. पुरस्कार
    (द) रामानुजन-हार्डी पुरस्कार
14. वर्ष 2012 के रामानुजन-बोस पुरस्कार का विजेता कौन है ?
    (अ) डॉ. पी. कुमार
    (ब) डॉ. अशोक अग्रवाल
    (स) डॉ. आकाश राजपाल
    (द) डॉ. मधु
15. एस.ए.एस.टी.आर.ए. रामानुजन पुरस्कार विजेता को कितना नकद धन प्राप्त होता है ?
    (अ) 10,000 डॉलर (ब) 15,000 डॉलर
    (स) 20,000 डॉलर (द) 25,000 डॉलर
16. एस.ए.एस.टी.आर.ए. एकेडमी के द्वारा एस.ए.एस.टी.आर.ए. पुरस्कार किस वर्ष से दिया जा रहा है ?
    (अ) वर्ष 1987 से (ब) वर्ष 2000 से
    (स) वर्ष 2005 से (द) वर्ष 2010 से

उत्तर के लिए कृपया पृष्ठ सं. 147 देखें

17. सन् 2005 में एस.ए.एस.टी.आर.ए. रामानुजन पुरस्कार पहली बार दो गणितज्ञों को दिया गया था। वे दोनों कौन थे?
    (अ) एम. भार्गव (प्रिंस्टन यूनिवर्सिटी)
    (ब) के. सुंदरराजन (यूनिवर्सिटी ऑफ मिशिगन)
    (स) डब्ल्यू. ज्यांग (हार्वर्ड यूनिवर्सिटी)
    (द) बी. ग्रीन (कैंब्रिज यूनिवर्सिटी)
18. आई.सी.टी.पी. रामानुजन पुरस्कार को धन प्रदान करनेवाले संगठन का क्या नाम है?
    (अ) एस.ए.एस.टी.आर.ए.
    (ब) डब्ल्यू.एच.ओ.
    (स) नील्स हेनरिक एबल मेमोरियल फंड
    (द) इंडियन मैथेमेटिकल सोसाइटी
19. आई.सी.टी.पी. रामानुजन पुरस्कार विजेता को कितना नकद पुरस्कार प्राप्त होता है?
    (अ) 10,000 डॉलर (ब) 15,000 डॉलर
    (स) 20,000 डॉलर (द) 25,000 डॉलर
20. सन् 2005 में प्रथम आई.सी.टी.पी. पुरस्कार किसने प्राप्त किया था?
    (अ) वाई. शी (चीन) (ब) आर. सुजाता (भारत)
    (स) एम. वियना (ब्राजील) (द) पी. नांग (गाबोन)
21. सन् 2012 में एस.ए.टी.आर.ए. रामानुजन पुरस्कार किसे मिला था?
    (अ) वाई. शी (चीन)
    (ब) झी वी युन (स्टेनफोर्ड यूनिवर्सिटी)
    (स) पी. नांग (गाबोन)
    (द) आर. परिमल (भारत)
22. इनमें से श्रीनिवास रामानुजन मेडल प्रथम प्राप्तकर्ता कौन हैं?
    (अ) परिमल सेन (ब) सदागोपारी
    (स) एस. चंद्रशेखर (द) होमी जहाँगीर भाभा

उत्तर के लिए कृपया पृष्ठ सं. 147 देखें

23. श्रीनिवास रामानुजन मेडल प्रदान करनेवाली संस्था का क्या नाम है ?
    (अ) डब्ल्यू.एच.ओ.
    (ब) आई.एम.एस.
    (स) इंडियन नेशनल साइंस एकेडमी
    (द) रामानुजन मैथ्स क्लब
24. श्रीनिवास रामानुजन मेडल पहली बार किस वर्ष प्रदान किया गया था ?
    (अ) सन् 1914 में (ब) सन् 1940 में
    (स) सन् 1960 में (द) सन् 1962 में
25. जो भारतीय छात्र कैंब्रिज में पी–एच.डी. के लिए अनुसंधान करने जाते हैं, उन्हें कौन सी छात्रवृत्ति प्रदान की जाती है ?
    (अ) रामानुजन फेलोशिप
    (ब) रोडेस स्कॉलरशिप
    (स) रामानुजन रिसर्च स्टूडेंटशिप इन मैथेमेटिक्स
    (द) एस. राव स्कॉलरशिप
26. गणित के क्षेत्र में अनुसंधान करनेवालों को कैंब्रिज विश्वविद्यालय का कौन सा कॉलेज रामानुजन रिसर्च स्टूडेंटशिप इन मैथेमेटिक्स प्रदान करता है ?
    (अ) ट्रिनिटी कॉलेज (ब) ऑक्सफोर्ड कॉलेज
    (स) न्यू बर्मिंघम कॉलेज (द) हैमिल्टन कॉलेज
27. एस.ए.एस.टी.आर.ए. रामानुजन पुरस्कार के लिए आयु सीमा 32 वर्ष क्यों रखी गई है ?
    (अ) रामानुजन के 32 पेपर प्रकाशित हुए थे।
    (ब) रामानुजन की मृत्यु 32 वर्ष की आयु में हो गई थी।
    (स) रामानुजन ने 32 गणितीय समस्याएँ प्रकाशित की थीं।
    (द) रामानुजन 32 वर्ष की उम्र में इंग्लैंड गए थे।

उत्तर के लिए कृपया पृष्ठ सं. 147 देखें

28. भारत की उस महिला गणितज्ञ का क्या नाम है, जिसे वर्ष 2003 में 'रामानुजन जन्म-शताब्दी पुरस्कार' प्रदान किया गया था?

(अ) रमन परिमल (ब) शकुंतला देवी

(स) कनक लता (द) अंचल अग्रवाल

29. भारत में कौन सा संगठन वैज्ञानिक शोध कार्य के लिए 60 साल की उम्र से कम के लोगों को 'रामानुजन शोधवृत्ति' प्रदान करता है?

(अ) मानव संसाधन विकास मंत्रालय

(ब) विज्ञान और तकनीक विभाग

(स) विश्वविद्यालय अनुदान आयोग

(द) मद्रास विश्वविद्यालय

□

उत्तर के लिए कृपया पृष्ठ सं. 147 देखें

अध्याय-5

रामानुजन के नाम में सम्मान

1. इनमें से कौन सा रामानुजन स्थिरांक के नाम से जाना जाता है?

   (अ) e (ब) चित्र पुस्तक पृष्ठ 66

   (स) ϕ (द) π

2. इनमें से कौन से जर्नल में प्राइम नंबर, डायोफानटाइन इक्वेशन और ट्रांसडेंशियल नंबर पर निबंध हैं?

   (अ) हार्डी-रामानुजन जर्नल

   (ब) रामानुजन जर्नल

   (स) इंडियन मैथेमेटिकल जर्नल

   (द) मैथेमेटिकल जर्नल

3. हार्डी-रामानुजन जर्नल एक वर्ष में कितनी बार प्रकाशित होता है?

   (अ) एक (ब) तीन

   (स) दो (द) बारह

4. हार्डी-रामानुजन जर्नल वर्ष में एक बार 22 दिसंबर को रामानुजन के जन्म-दिवस पर प्रकाशित होता है। इस जर्नल का प्रथम अंक किस वर्ष प्रकाशित हुआ था?

   (अ) वर्ष 1970 में (ब) वर्ष 1975 में

   (स) वर्ष 1978 में (द) वर्ष 1980 में

उत्तर के लिए कृपया पृष्ठ सं. 147 देखें

5. निम्नांकित परिकल्पना का क्या नाम है ?
   P (5K + 4) = 0 (mod 5)
   P (7K + 5) = 0 (mod 7)
   P (11 K + 6) = 0 (Mod 11)
   (अ) रामानुजन परिकल्पना (ब) हार्डी परिकल्पना
   (स) यूक्लिड परिकल्पना (द) रशेल विरोधाभास
6. श्रीनिवास रामानुजन के द्वारा अनंत भिन्नात्मक शृंखला के योग के निर्धारण के लिए कौन सी पद्धति खोजी गई थी ?
   (अ) कॉची समाकलन (ब) रामानुजन संकलन
   (स) रीमैन समाकलन (द) हार्डी थियरम
7. उपर्युक्त फलन को कौन सा नाम दिया गया है ?
   (अ) रामानुजन फलन (ब) न्यूटोनियन फलन
   (स) रामानुजन थीटा फलन (द) ची–वर्ग
8. निम्नांकित विशेष फलन का क्या नाम है ?
   (अ) रामानुजन थीटा फलन (ब) रामानुजन ताउ फलन
   (स) रामानुजन प्राइम फलन (द) रामानुजन हार्डी फलन
9. रामानुजन ने ताउ फलन का अध्ययन किस वर्ष किया था ?
   (अ) वर्ष 1912 में (ब) वर्ष 1914 में
   (स) वर्ष 1916 में (द) वर्ष 1918 में
10. लघुतम पूर्णांक के लिए अभाज्य (प्राइम) R_n जिसमें X और X/2 चित्र पुस्तक पृष्ठ 68 के बीच कम–से–कम n अभाज्य है, जहाँ चित्र पुस्तक पृष्ठ 68 को इनमें से किस रूप में जाना जाता है ?
    (अ) मर्सीनी प्राइम (ब) इयूलर प्राइम
    (स) रामानुजन प्राइम (द) हिल्बर्ट स्पेस
11. 2, 11, 17, 29, 41 प्रथम पाँच किस प्राइम के उदाहरण हैं ?
    (अ) रामानुजन (ब) हार्डी
    (स) मर्सीनी (द) लिटिलवुड

उत्तर के लिए कृपया पृष्ठ सं. 147 देखें

12. सन् 1983 में तमिलनाडु में स्थापित मैथेमेटिकल सोसाइटी का क्या नाम था, जिसके अध्यक्ष प्रो. जी. शंकरनारायण थे ?
    (अ) इंडियन मैथेमेटिकल सोसाइटी
    (ब) रामानुजन मैथेमेटिकल सोसाइटी
    (स) लंदन मैथेमेटिकल सोसाइटी
    (द) तमिलनाडु मैथेमेटिकल सोसाइटी
13. सन् 1894 में जेम्स रोजर्स ने इसे पहचाना था और 1913 में रामानुजन ने इसे पुनः खोजा था। इसमें दो पहचानें थीं और यह मूल हाइपरजियोमेट्रिक सीरीज से संबंधित है। इसका क्या नाम है ?
    (अ) रोजर्स—रामानुजन आइडेंटिटीज
    (ब) रामानुजन—नागेल समीकरण
    (स) रामानुजन—हार्डी संख्या
    (द) रामानुजन—परिकल्पना
14. समीकरण $2^n - = x^2$ और इसके समाधान में वास्तविक संख्या n और x मौजूद हैं, जहाँ n= 3, 4, 5, 7 और 15 हैं, जहाँ सन् 1913 में रामानुजन ने इसकी परिकल्पना की थी तथा 1948 में ट्राइग्वे नागेल ने इसे सिद्ध किया था। इस समीकरण को कौन सा विशेष दर्जा दिया गया था ?
    (अ) रामानुजन-हार्डी नंबर
    (ब) रामानुजन-नागेल इक्वेशन
    (स) रोजर्स-रामानुजन आइडेंटिटीज
    (द) जेटा फंक्शन
15. सन् 1951 में मद्रास में रामानुजन संस्थान की स्थापना किसने की थी ?
    (अ) प्रो. केन ओनो (ब) पी.के. श्रीनिवासन
    (स) अलगप्पा चेल्टियार (द) जानकी अम्मल

उत्तर के लिए कृपया पृष्ठ सं. 147 देखें

16. रामानुजन संस्थान की स्थापना सन् 1951 में हुई थी, परंतु वित्तीय संकट के कारण यह 1957 में बंद हो गया था और बाद में इसे एक भारतीय विश्वविद्यालय ने अपना लिया था। उस विश्वविद्यालय का क्या नाम था?

    (अ) तमिलनाडु विश्वविद्यालय (ब) अलगप्पा विश्वविद्यालय
    (स) मद्रास विश्वविद्यालय (द) अन्नामलाई विश्वविद्यालय

17. रामानुजन संस्थान को गोद लेने के बाद मद्रास विश्वविद्यालय ने उसका क्या नाम रखा था?

    (अ) टाटा इंस्टीट्यूट ऑफ फंडामेंटल रिसर्च
    (ब) सेंटर फॉर एडवांस्ड स्टडीज इन मैथेमेटिक्स
    (स) रामानुजन कंप्यूटर इंस्टीट्यूट
    (द) रामानुजन म्यूजियम

18. रामानुजन द्वारा प्रभावित गणित के सभी क्षेत्रों में उच्चतम स्तर के मूल पेपर को किस जर्नल में प्रकाशित किया गया?

    (अ) जे.आई.एम.एस. (ब) द रामानुजन जर्नल
    (स) हार्डी-रामानुजन जर्नल (द) मैथेमेटिक्स टुडे

19. रामानुजन जर्नल का प्रमुख संपादक कौन था?

    (अ) डॉ. चंद्रमौलि (ब) प्रो. केन ओनो
    (स) कृष्णास्वामी अल्लाही (द) रामचंद्र राव

20. रामानुजन संग्रहालय कहाँ स्थित है?

    (अ) रेयापुरम (ब) कुंभकोणम
    (स) समता विहार (द) ट्राउप्लिन

21. रामानुजन संग्रहालय किस वर्ष आरंभ हुआ था?

    (अ) वर्ष 1990 में (ब) वर्ष 1992 में
    (स) वर्ष 1999 में (द) वर्ष 2013 में

उत्तर के लिए कृपया पृष्ठ सं. 147 देखें

22. चेन्नई में रामानुजन संग्रहालय एवं गणित शिक्षा केंद्र की स्थापना किसने की थी?
    (अ) डॉ.ए.पी.जे. अब्दुल कलाम
    (ब) आनंद कुमार
    (स) पी.के. श्रीनिवासन
    (द) रामचंद्र राव

23. रामानुजन संग्रहालय एवं गणित शिक्षा केंद्र का संचालन कौन करता है?
    (अ) टी.आई.एफ.आर. (ब) एम.ए.टी. एजुकेशन ट्रस्ट
    (स) आई.आई. साइंस (द) जी.यू.जे.सी.ओ.एस.टी.

24. कुंभकोणम में श्रीनिवास रामानुजन के घर को किस भारतीय विश्वविद्यालय ने खरीदकर सन् 2000 में उसे एक स्मारक का रूप दे दिया था?
    (अ) एस.ए.एस.टी.आर.ए. (ब) आई.सी.टी.पी.
    (स) डीयू (द) अन्नामलाई

25. रामानुजन संग्रहालय में इनमें से किस चीज का प्रदर्शन किया गया है?
    (अ) पोर्ट ट्रस्ट में नौकरी का आवेदन-पत्र
    (ब) जी.एच. हार्डी को भेजा पत्र
    (स) उनकी माता, पत्नी और फेस्टरसन का चित्र
    (द) उपर्युक्त सभी

26. गणित के लिए रामानुजन संग्रहालय बनाने के पी.के. श्रीनिवासन के सपने को पूरा करने में किस व्यापारी ने सहायता की थी?
    (अ) धीरूभाई अंबानी (ब) अजीम प्रेमजी
    (स) श्री ए.टी.बी. बोस (द) अनिल अंबानी

उत्तर के लिए कृपया पृष्ठ सं. 147 देखें

27. श्रीनिवास रामानुजन के घर को अंतरराष्ट्रीय स्मारक किसने घोषित किया है ?

(अ) डॉ. मनमोहन सिंह (ब) डॉ. ए.पी.जे. अब्दुल कलाम
(स) डॉ. ए.बी. यंग (द) डॉ. राजेंद्र प्रसाद

28. उस गणितीय संस्था का क्या नाम है, जिसने 20 लघु भाषणों की शृंखला को संगृहीत करके 'मैथेमेटिक्स पैनोरमा लेक्चर्स' का नाम दिया है और सन् 2012 को 'राष्ट्रीय गणित वर्ष' घोषित किया था ?

(अ) रामानुजन मैथ्स क्लब
(ब) रामानुजन मैथेमेटिक्स सोसाइटी
(स) रामानुजन हार्डी सोसाइटी
(द) गणित संघ

29. रामानुजन महाविद्यालय कहाँ स्थित है ?

(अ) दिल्ली (ब) मुंबई
(स) कोलकाता (द) पटना

30. रामानुजन मैथेमेटिक्स एकेडमी और मैथेमेटिक्स लाइब्रेरी कहाँ स्थित है ?

(अ) दिल्ली (ब) पश्चिम बंगाल
(स) आंध्र प्रदेश (द) उत्तर प्रदेश

31. रामानुजन मैथेमेटिक्स एकेडमी और मैथेमेटिक्स लाइब्रेरी कब शुरू हुई ?

(अ) 22 दिसंबर, 1990 (ब) 22 दिसंबर, 1995
(स) 22 दिसंबर, 2000 (द) 22 दिसंबर, 2012

32. सन् 1992 में इनमें से किसने रामानुजन स्कूल ऑफ मैथेमेटिक्स की शुरुआत पटना में की थी ?

(अ) आनंद प्रकाश (ब) श्याम मोहन
(स) आनंद कुमार (द) अमिताभ कुमार

उत्तर के लिए कृपया पृष्ठ सं. 147 देखें

33. गणित में स्नातकोत्तर और पी-एच.डी. प्रदान करनेवाली संस्था का क्या नाम है ? यह संस्था मद्रास विश्वविद्यालय से संबद्ध है और सन् 1967 में स्थगित की गई थी।
   (अ) रामानुजन स्कूल ऑफ मैथेमेटिक्स
   (ब) रामानुजन कॉलेज
   (स) शास्त्र यूनिवर्सिटी
   (द) रामानुजन इंस्टीट्यूट फॉर एडवांस स्टडी इन मैथेमेटिक्स

34. रामानुजन कंप्यूटिंग सेंटर (संबद्ध अन्ना विश्वविद्यालय) की स्थापना कब हुई थी ?
   (अ) सन् 1960 में (ब) सन् 1963 में
   (स) सन् 1970 में (द) सन् 2004 में

35. रामानुजन आई.टी. सिटी कहाँ स्थित है ?
   (अ) दिल्ली
   (ब) चेन्नई
   (स) मुंबई
   (द) कोलकाता

36. रामानुजन आई.टी. सिटी तीन संगठनों का संयुक्त उपक्रम है। उनमें से दो टाटा रियलिटी और इन्फ्रास्ट्रक्चर लि. तथा इंडियन होटल्स लि. हैं। तीसरी कंपनी का क्या नाम है ?
   (अ) रिलायंस
   (ब) महिंद्रा
   (स) टी.आई.डी.सी.ओ.
   (द) इफको

37. रामानुजन जर्नल को प्रकाशित करनेवाले प्रकाशक का क्या नाम है ?
   (अ) प्रभात (ब) साधना
   (स) स्प्रिंजर (द) ओ.यू.पी.

उत्तर के लिए कृपया पृष्ठ सं. 147 देखें

38. एक ऐसी संख्या, जिसकी दो भिन्न-भिन्न संख्याओं के घन का योगफल दो अलग तरीके से विवेचित किया जा सकता है, उदाहरणस्वरूप—1729 $=12^3 + 1^3 = 10^3 + 9^3$ इसे किस रूप में जाना जा सकता है?

(अ) रामानुजन नंबर (ब) केप्रीकर नंबर

(स) इयूलर नंबर (द) गोल्डन नंबर

39. 1729, 4104, 13832, 20683 को निम्न किस रूप में भी जाना जाता है?

(अ) टैक्सी कैब (4) (ब) टैक्सी कैब (3)

(स) रामानुजन संख्या (द) पाइथागोरस नंबर

40. वह संख्या, जो दो भिन्न-भिन्न संख्याओं के घन के योग को तीन भिन्न पद्धतियों से विवेचित की जाती है, उसे कौन सा विशेष नाम दिया गया है?

उदाहरण—

$$87539319 = 228^3 + 423^3 = 167^3 + 436^3 = 255^3 + 414^3$$

(अ) रामानुजन-हार्डी संख्या (ब) पाइथागोरस त्रयी

(स) रामानुजन त्रिगुण (द) काप्राकर नंबर

41. इनमें से किसे टैक्सी कैब (3) का नाम दिया गया है?

(अ) आर्कमिडीज नंबर (ब) रामानुजन त्रिगुण

(स) आर्मस्ट्रांग नंबर (द) पाइथागोरस त्रयी

42. 87, 539, 319; 119, 824, 488; 143, 604, 279, 175, 959, 000 किसके उदाहरण हैं?

(अ) आर्कमिडीज नंबर (ब) रामानुजन त्रिगुण

(स) आर्मस्ट्रांग नंबर (द) पाइथागोरस त्रयी

उत्तर के लिए कृपया पृष्ठ सं. 147-148 देखें

43. वह संख्या, जिसे दो भिन्न-भिन्न संख्याओं के घन के योग को चार भिन्न पद्धतियों से विवेचित किया जा सके—$a^x+b^x= c^x+d^x= w^x+xx$ $= y^x+z^x$ उदाहरण—

$$6963472309248 = (13322)^3+ (16630)^3$$
$$= (10200)^3+(18072)^3$$
$$=(5436)^3+ (18948)^3$$
$$=(2421)^3+(19083)^3$$

इस संख्या को कौन सा विशेष नाम दिया गया है ?

(अ) रामानुजन संख्या
(ब) रामानुजन त्रिगुण
(स) रामानुजन चतुर्गुण
(द) रामानुजन स्थिरांक

44. वह संख्या, जिसे दो भिन्न संख्याओं के घन के योग को पाँच भिन्न तरीके से विवेचित किया जा सकता है—

$a^x +b^x = c^x+ d^x= e^x+ h^x = g^x +h^x= i^x+j^x$

उदाहरण—

48 988 659 276 962 496

=2315183 +3319543

=2214243 +3365883

=2052923 +3429523

=1078393 +3627533

=387873 +3657573

इन संख्याओं को क्या विशेष नाम दिया गया है ?

(अ) आर्कमिडीज संख्या

(ब) रामानुजन स्थिरांक

(स) रामानुजन पंचगुणा

(द) अभाज्य संख्या

उत्तर के लिए कृपया पृष्ठ सं. 148 देखें

45. रामानुजन गणित संघ एक संगठन है, जो कि युवा विद्यार्थियों से गणित संबंधी आरंभिक कार्य करवाता है। यह कहाँ स्थित है?

(अ) कोलकाता (ब) सिलीगुड़ी

(स) बँगलादेश (द) पाकिस्तान

46. सन् 2003 में चेन्नई में श्रीनिवास रामानुजन केंद्र का उद्घाटन किसने किया था?

(अ) डॉ. मनमोहन सिंह

(ब) राजा राम

(स) डॉ. ए.पी.जे. अब्दुल कलाम

(द) रजनी कांत

□

उत्तर के लिए कृपया पृष्ठ सं. 148 देखें

अध्याय-6

रामानुजन और अन्य गणितज्ञ

1. हार्डी और रामानुजन के द्वारा संख्या P(n) के विभाजन की गणना के लिए इयूलर सूत्र का प्रयोग किया गया था, पर उन्होंने केवल यही सिद्ध किया था कि यह उपगामी रूप से कार्य करता है। बाद में इसे P(n) की ठीक-ठीक वैल्यू के लिए सिद्ध किया गया था। इसे किसने सिद्ध किया था?

   (अ) हेमिल्टन (ब) रेडमेचर

   (स) रंगनाथ राव (द) श्रीनिवासन

2. रामानुजन की किस परिकल्पना ने एक बड़ी इमारत के लिए आधारभूत भूमिका अदा की थी, जिसे 'लैंगर्ड प्रोग्राम' के नाम से जाना गया तथा इसे सन् 1970 में आर.पी. लैंगर्ड ने आकार दिया था।

   (अ) प्रथम परिकल्पना (ब) द्वितीय परिकल्पना

   (स) तृतीय परिकल्पना (द) चतुर्थ परिकल्पना

3. ऑस्ट्रेलिया के उस भौतिक-विज्ञानी का क्या नाम था, जिसने राजर्स-रामानुजन आइडेंटिटीज को महीन परत की आणविक संरचना के रूप में विवेचित करते हुए प्रयोग किया था?

   (अ) डेविड बून (ब) डब्ल्यू. बैक्सटर

   (स) आइंस्टीन (द) ब्रूस बर्ण्ट

उत्तर के लिए कृपया पृष्ठ सं. 148 देखें

4. रामानुजन द्वारा खोजे गए सूत्र के द्वारा सन् 1989 में पाई की वैल्यू दशमलव के कितने अंकों तक निकालने के लिए इस्तेमाल की जाती थी ?

(अ) 2 (ब) 3

(स) 1 (द) 4

5. उस गणितज्ञ का क्या नाम था, जिसे सन् 1974 में रामानुजन की ताउ परिकल्पना को सिद्ध करने के लिए गणित का सर्वश्रेष्ठ पुरस्कार 'फील्ड मेडल' दिया गया था ?

(अ) हार्डी (ब) जी.एन. वाटसन

(स) पियरे डिलाइट (द) शेन वार्न

6. रामानुजन का सूत्र किस क्षेत्र में प्रयुक्त होता है ?

(अ) ग्राफ थियरी

(ब) टोपोलॉजी

(स) क्रिस्टलोग्राफी एंड स्ट्रिंग थियरी

(द) त्रि-आयामी रेखागणित

7. उस गणितज्ञ का क्या नाम था, जिसने 5 से बड़ी प्रत्येक अभाज्य संख्या की संगतता पर विभाजन की अनंत विद्यमानताओं को सिद्ध किया था तथा यह संकल्पना रामानुजन से काफी पहले ही आ चुकी थी ?

(अ) हार्डी (ब) के. ओनो

(स) रशेल (द) फरमैट

8. 'ए मैथमेटीशियन एपोलॉजी' नामक पुस्तक किसने लिखी थी ?

(अ) रामानुजन

(ब) जी.एच. हार्डी

(स) जे.ई. लिटिलवुड

(द) डॉ. आर. पाटिल

उत्तर के लिए कृपया पृष्ठ सं. 148 देखें

9. wn= xw+| समीकरण पर रामानुजन ने कहा था कि इस समीकरण में x और n की पाँच वैल्यू हैं और वे हैं—x= 1, 3, 5, 11, 181 और x= 3, 4, 5, 7, 15, परंतु रामानुजन इसे सिद्ध कर पाने में असफल थे। सन् 1948 में इसे बाद में सिद्ध किया गया। इसे किसने सिद्ध किया था?

(अ) जी.एच. हार्डी (ब) ट्राइग नागेल
(स) केन ओनो (द) डेविड ब्रूस

10. रामानुजन का सड्र्स के साथ विशेष लगाव था। प्रो. ब्रूस, प्रो. हेग हाट और प्रो. ज्यांग ने साथ मिलकर एक अनुसंधान पत्र प्रकाशित कराया था, जिसमें उनके जन्म-दिवस को मनाने के लिए एक खास समीकरण दिया गया था। यहाँ किस जन्म-दिवस की चर्चा की जा रही है?

(अ) 75वें (ब) 100वें
(स) 150वें (द) 125वें

11. सन् 1988 में किस अखबार में शीर्षक था—'रामानुजन का गणित कैंसर से लड़ने में सहायक'?

(अ) द हिंदू (ब) द डॉन
(स) पॉयनियर (द) नई दुनिया

12. सन् 2012 में 110 वर्ष पुरानी मृत्यु-शय्या की पहेली, जिसका दावा श्रीनिवास रामानुजन ने किया था कि यह उनके सपने में आई थी। इसे किसने सिद्ध किया?

(अ) डेविड ब्रस्ट (ब) केने ओनो
(स) सेंडर ज्वीजर्स (द) कल्पना चावला

13. सन् 2012 में रामानुजन के जन्म-दिवस की 125वीं वर्षगाँठ पर इमामी यूनिवर्सिटी के एक गणितज्ञ ने अपने दो सहयोगियों—अमांडा फाल्सन (येल विश्वविद्यालय) और राब रोडेस (स्टैनफोर्ड यूनिवर्सिटी) के साथ मॉक मॉड्यूलर पर एक सूत्र हल किया था

उत्तर के लिए कृपया पृष्ठ सं. 148 देखें

और उसे फ्लोरिडा यूनिवर्सिटी के 125वें सम्मेलन में प्रस्तुत किया था। उस प्रसिद्ध गणितज्ञ का क्या नाम है ?

(अ) डेविड सी. ब्रूस (ब) प्रो. केन ओनो
(स) सेंडर ज्वेजर्स (द) जी.एन. वाटसन

14. जॉर्जिया विश्वविद्यालय के उस प्रोफेसर का क्या नाम था, जिन्होंने रामानुजन की परिकल्पना की जटिलता को दरशाने के लिए 'मैजिक क्वायन' से समतुल्यता की थी ?

(अ) डॉ. जे.एम. डे (ब) डॉ. सी.वी. जोशी
(स) प्रो. केन ओनो (द) अमंडा फाल्सन

15. सन् 1920 में रामानुजन जो कार्य कर रहे थे, वह सन् 2002 को फलन की विवेचना में कहाँ उल्लिखित है ?

(अ) प्रो. केन ओनो (ब) सेंडर ज्वेजर्स
(स) सी.वी. थॉमसन (द) राव रोडेस

16. रामानुजन का कौन सा परिणाम सन् 2012 में भौतिक-शास्त्रियों के लिए ब्लैक होल के अध्ययन के लिए उपयोगी है ?

(अ) पार्टीशन थियरी (ब) हाइपर जियोमेट्रिक सीरीज
(स) मॉक मॉड्यूलर फार्म (द) इलिप्टिकल इंटीग्रल

17. किसने कहा था, ''हमने सिद्ध कर दिया कि रामानुजन सही थे। हमें उनकी परिकल्पना को विवेचित करनेवाला सूत्र मिल गया है, जिसमें उन्हें यकीन है कि यह देवी से उन्हें प्राप्त हुआ था।''

(अ) सी.वी. रमन (ब) डॉ. होमी जहाँगीर भाभा
(स) प्रो. केन ओनो (द) सेंडर ज्वेजर्स

18. उस कुशल गणितज्ञ का क्या नाम था, जिन्होंने सन् 1923 में रामानुजन की दूसरी नोटबुक के 12वें अध्याय का संपादन किया था ?

(अ) जी.एन. वाटसन (ब) जी.एच. हार्डी
(स) बी.एम. विल्सन (द) ब्रूस सी. बर्ण्ट

□

उत्तर के लिए कृपया पृष्ठ सं. 148 देखें

अध्याय-7

अन्य

1. रामानुजन का पहला प्यार क्या था ?
   (अ) शतरंज
   (ब) अनंत श्रृंखला
   (स) विभाजन संख्या
   (द) क्रिकेट
2. रामानुजन किस कक्षा में तीन बार से अधिक असफल हुए थे ?
   (अ) बी.ए. (ब) सी.ए.
   (स) एफ.ए. (द) एम.ए.
3. पारिवारिक नाम 'रामानुजन' से क्या आशय है ?
   (अ) राम का भाई
   (ब) राम का पिता
   (स) व्यक्ति, जिसमें भगवान् राम का कण हो
   (द) राम की आराधना करनेवाला
4. एक वर्ष की उम्र पूरी करने से पहले रामानुजन के कितने भाई-बहनों की मृत्यु हो चुकी थी ?
   (अ) 2 (ब) 3
   (स) 4 (द) 5

उत्तर के लिए कृपया पृष्ठ सं. 148 देखें

5. रामानुजन का जन्म-दिवस 22 दिसंबर तमिलनाडु में किस रूप में मनाया जाता है?
   (अ) राज्य आई.टी. दिवस (ब) गणित दिवस
   (स) विज्ञान दिवस (द) अनुसंधान दिवस
6. रामानुजन मैथेमेटिकल इंस्टीट्यूट का प्रथम निदेशक कौन था?
   (अ) प्रो. जी.एच. हार्डी (ब) डॉ. टी. विजय राघवन
   (स) ई.एच. नेविले (द) सी.वी. रमन
7. कौन सा महाविद्यालय रामानुजन का जन्म-दिवस प्रत्येक वर्ष 'रामानुजन दिवस' के रूप में मनाता है?
   (अ) रामानुजन कॉलेज
   (ब) गवर्नमेंट्स आर्ट्स कॉलेज, कुंभकोणम
   (स) साइंस कॉलेज, पटना
   (द) रामजस कॉलेज, दिल्ली
8. रामानुजन के जन्म-दिवस पर गणितीय पद्धति एवं अनुप्रयोग पर राष्ट्रीय संगोष्ठी किस संस्थान ने आयोजित की है?
   (अ) आई.आई.टी., मद्रास
   (ब) आई.आई.टी., दिल्ली
   (स) आई.आई.टी., मुंबई
   (द) आई.आई.टी., गुवाहाटी
9. रामानुजन ने किस उम्र में हाई स्कूल पास किया था?
   (अ) 12 वर्ष की (ब) 14 वर्ष की
   (स) 16 वर्ष की (द) 18 वर्ष की
10. गवर्नमेंट कॉलेज, कुंभकोणम में आगे के अध्ययन के लिए रामानुजन को मिलनेवाली छात्रवृत्ति का क्या नाम था?
   (अ) आर्यभट्ट पुरस्कार (ब) सी. राव पुरस्कार
   (स) सुब्रमण्यम छात्रवृत्ति (द) रोडेस स्कॉलरशिप

उत्तर के लिए कृपया पृष्ठ सं. 148 देखें

11. रामानुजन जहाँ क्लर्क का काम करते थे, उस मद्रास पोर्ट ट्रस्ट के अध्यक्ष का क्या नाम था ?
    (अ) पी.वी. शेषु अय्यर
    (ब) डॉ. मनमोहन सिंह
    (स) सर फ्रांसिस स्प्रिंग
    (द) लॉर्ड रिपन
12. एफ.ए. की परीक्षा में असफल होने के बाद रामानुजन अपने घर से भाग गए थे और एक गाँव में करीब एक महीने तक ठहरे थे। उस समय वे कहाँ रुके थे ?
    (अ) काकीनाडा (ब) राजमुंद्री
    (स) नेल्लौर (द) कुरनूल
13. रामानुजन की कुल देवी इनमें से किसकी पत्नी के रूप में जानी जाती हैं ?
    (अ) नृसिंह भगवान् (ब) ब्रह्मा
    (स) कार्तिकेय (द) गणेश
14. सन् 2012 में किसका जन्म-दिवस 'राष्ट्रीय गणित वर्ष' के रूप में मनाया जाता रहा है ?
    (अ) आर्यभट्ट (ब) महावीर
    (स) रामानुजन (द) भास्कराचार्य
15. 22 दिसंबर को रामानुजन का जन्म-दिवस किस रूप में देखा जाता है ?
    (अ) राज्य आई.टी. शहर (ब) विज्ञान दिवस
    (स) राष्ट्रीय गणित दिवस (द) विभाजन दिवस
16. सन् 2012 को 'राष्ट्रीय गणित दिवस' किसने घोषित किया है ?
    (अ) डॉ. पवन कुमार (ब) डॉ. मनमोहन सिंह
    (स) सोनिया गांधी (द) राहुल गांधी

उत्तर के लिए कृपया पृष्ठ सं. 148 देखें

17. भारत के उन पूर्व राष्ट्रपति का क्या नाम था, जिन्होंने रामानुजन पर सन् 2003 में सुरक्षा संचार के लिए संख्या सिद्धांत पर अंतरराष्ट्रीय सभा में वार्त्ता की थी?
    (अ) डॉ. राजेंद्र प्रसाद
    (ब) ज्ञानी जैल सिंह
    (स) आर. वेंकटरमण
    (द) डॉ. ए.पी.जे. अब्दुल कलाम
18. जी.एच. हार्डी की कौन सी पुस्तक रामानुजन ने सन् 1913 में पढ़ी थी?
    (अ) ए मैथेमेटीशियंस एपोलॉजी
    (ब) ऑर्डर ऑफ इनफिनिटी
    (स) मॉक थीटा फंक्शन
    (द) पार्टीशन थियरी
19. इंडियन मैथेमेटिकल सोसाइटी के जर्नल में रामानुजन ने कितने प्रश्न प्रकाशित कराए थे?
    (अ) 40 (ब) 48
    (स) 54 (द) 58
20. किस विश्वविद्यालय ने अपने कंप्यूटर केंद्र का नाम भारतीय गणितज्ञ रामानुजन के सम्मान में रखा था?
    (अ) एस.ए.एस.टी.आर.ए. (ब) डीयू
    (स) अन्नामलाई (द) अन्ना
21. उस मशहूर सर्च इंजन का क्या नाम है, जिसने रामानुजन के सम्मान में उनकी 125वीं वर्षगाँठ पर सन् 2012 में अपने होम पेज के लोगो को टेढ़े-मेढ़े अक्षरों का रूप देकर परिवर्तित कर दिया था?
    (अ) एमएसएन (ब) बेबीलोन
    (स) याहू (द) गूगल

उत्तर के लिए कृपया पृष्ठ सं. 148 देखें

22. उस मूर्तिकार का क्या नाम था, जिसने रामानुजन के नए आकार को रूप दिया, जो कि फेयर ऑफ द कोडिंग थियरी इंस्टीट्यूट में मिला था और वह रामानुजन आई.टी. सिटी, चेन्नई में मौजूद है?
(अ) पॉल ग्रालेंड
(ब) के.जी. रवि
(स) केन ओनो
(द) आब्दी रुस्तम

23. रामानुजन की अर्धप्रतिमा तैयार करनेवाले पॉल ग्रालेंड ने इसे रामानुजन की पासपोर्ट फोटो से बनाया था; परंतु के.जी. रवि द्वारा बनाई गई उनकी दूसरी प्रतिमा उन्हें कैंब्रिज विश्वविद्यालय से बी.ए. की डिग्री प्राप्त होने के बाद बैठी हुई मुद्रा की फोटो पर आधारित थी। आई.टी. सिटी, चेन्नई में यह मूर्ति कब स्थापित की गई थी?
(अ) वर्ष 2001 में
(ब) वर्ष 2005 में
(स) वर्ष 2009 में
(द) वर्ष 2010 में

24. रामानुजन की मूर्ति के आधार के चारों तरफ इसके अभिलेख लिखे हैं। इसके तीन ओर निम्नांकित अभिलेख हैं—
1. श्रीनिवास रामानुजन (22 दिसंबर, 1887-26 अप्रैल, 1920)
2. π की वैल्यू
3. ताउ परिकल्पना
मूर्ति के चौथी ओर क्या लिखा है?
(अ) विभाजन संख्या का परिणाम
(ब) टैक्सी कैब नंबर-1729
(स) दीर्घवृत्तीय समाकलन
(द) रायमन समाकलन

उत्तर के लिए कृपया पृष्ठ सं. 148 देखें

25. सन् 1918 में रामानुजन अपने अनुसंधान के लिए एफ.आर.एस. चुने गए थे। उनके अनुसंधान का शीर्षक क्या था?
    (अ) उच्चतम संयुक्त संख्या
    (ब) विभाजन का सिद्धांत
    (स) दीर्घवृत्तीय फलन और संख्या का सिद्धांत
    (द) मॉड्यूलर रूप
26. रामानुजन की 125वीं वर्षगाँठ मनाने के लिए टी.आई.एफ.आर. ने रामानुजन की नोटबुक को दो खंडों में रंगीन तथा मूल पांडुलिपि की महीन छाप के साथ स्कैन करके बनाया है तथा इसे लाइब्रेरी के कुशल पुरालेखपालों द्वारा तैयार किया गया है। इसे तैयार करने में सहायता करनेवाली लाइब्रेरी का क्या नाम है?
    (अ) राजा राममोहन राय लाइब्रेरी
    (ब) पब्लिक लाइब्रेरी, चेन्नई
    (स) राजा मुथैया रिसर्च लाइब्रेरी, चेन्नई
    (द) कैंब्रिज लाइब्रेरी
27. "बचपन में मुझे कमजोर दिमागवाला माना जाता था, क्योंकि तीन साल तक की उम्र तक मेरे बोलने की क्षमता भली प्रकार विकसित नहीं हो सकी थी।" यह कथन किसका है?
    (अ) सी.एफ. गॉस (ब) हेमिल्टन
    (स) रामानुजन (द) अजनभट
28. कैंब्रिज के उस प्रोफेसर उसका क्या नाम था, जिसने कहा था, "100 या 150 साल पहले रामानुजन कितना महान् गणितज्ञ हो सकता था, यदि वह सही समय इयूलर के संपर्क में आता, तब क्या हो जाता!"
    (अ) जी.एच. हार्डी (ब) जे.ई. लिटिलवुड
    (स) सी.पी. शो (द) प्रो. केन ओनो

उत्तर के लिए कृपया पृष्ठ सं. 148 देखें

29. सन् 1913 में रामानुजन ने किसे लिखा था—"मेरे पास किसी विश्वविद्यालय की शिक्षा नहीं है; परंतु मैंने साधारण स्कूली शिक्षा प्राप्त की है। स्कूल छोड़ने के बाद मैं अपना खाली समय गणित में लगाता रहा। मैंने विश्वविद्यालय में चलनेवाली पारंपरिक नियमित शिक्षा नहीं प्राप्त की है; परंतु मैं अपने लिए नए रास्ते पर चल रहा हूँ। मैंने विभाजन शृंखला पर विशेष अनुसंधान किया है और स्थानीय गणितज्ञों के द्वारा इसे आश्चर्यजनक कहा जा रहा है।

(अ) जी.एच. हार्डी (ब) जे.ई. लिटिलवुड

(स) जी.एन. वाटसन (द) न्यूटन

30. कैंब्रिज जाने से पहले रामानुजन ने अपनी नोटबुक में 3,542 प्रमेयों को संकलित किया था, परंतु वे उसे अपनी तीन नोटबुक्स में इसके हल के बारे में नहीं बता पाए। प्रो. ब्रूस, जिन्होंने रामानुजन के सभी परिणामों को सिद्ध किया था, उन्होंने सोचा था कि रामानुजन इन हल को प्रस्तुत नहीं कर सके, क्योंकि…

(अ) वे अपने कार्य के बारे में सुनिश्चित नहीं थे।

(ब) उन्हें डर था कि कोई उनके समाधान को चुरा लेगा।

(स) वे आलसी थे।

(द) उनके लिए कागज बहुत महँगा था, इसलिए उन्होंने स्लेट पर काम किया था और परिणाम को बिना सिद्ध किए अपनी नोटबुक में लिख लिया था।

31. सन् 1920 में रामानुजन की मृत्यु के पश्चात् उनकी तीनों नोटबुक्स और उनके पेपर किसे सौंपे गए थे?

(अ) जी.एच. हार्डी को

(ब) मद्रास विश्वविद्यालय को

(स) जी.एन. वाटसन को

(द) डेविड सी. ब्रूस को

उत्तर के लिए कृपया पृष्ठ सं. 148 देखें

32. रामानुजन का जन्म कहाँ हुआ था?
    (अ) अस्पताल में (ब) ट्रेन में
    (स) दादी के घर (द) मंदिर में

33. मद्रास इंजीनियरिंग कॉलेज के सिविल इंजीनियरिंग के उस प्रोफेसर का क्या नाम था, जिन्होंने रामानुजन के कुछ परिणामों को सन् 1912 में यूनिवर्सिटी कॉलेज, लंदन के प्रोफेसर एम.जे.एम. हिल के पास रामानुजन की सहायता के लिए भेजा था?
    (अ) ई. डब्ल्यू. मिडिलमास्ट (ब) एस.एन. अय्यर
    (स) सी.एल.टी. ग्रिफिथ (द) ई.डब्ल्यू. हॉबसन

34. उस भारतीय गणितज्ञ का क्या नाम था, जिसने रामानुजन से उनके इंग्लैंड जाने के समय उनकी स्लेट माँगी थी?
    (अ) नारायण अय्यर (ब) सुब्रमण्यन अय्यर
    (स) रामचंद्र राव (द) डी.आर. काप्रेकर

35. "मुझे आप में एक मित्र मिला है, जिसने मेरे परिश्रम को सहानुभूतिपूर्ण रूप में देखा है। मैं पहले से ही आधे पेट हूँ। अपने मस्तिष्क की रक्षा के लिए मैं जरूरत में हूँ और यही मेरी पहली प्राथमिकता है। आपकी तरफ से प्राप्त किसी भी तरह का सहानुभूतिपूर्ण पत्र मेरे लिए या तो विश्वविद्यालय या सरकार की तरफ से छात्रवृत्ति दिलाने में सहायक होगा।" रामानुजन ने यह पत्र किसे लिखा था?
    (अ) जी.एच. हार्डी को (ब) सी.एल. ग्रिफिथ को
    (स) लिटिलवुड को (द) रामचंद्र राव को

36. हार्डी ने किससे रामानुजन को कठिन गणितीय पद्धतियों को पढ़ाने के लिए कहा था?
    (अ) ई.डब्ल्यू. हाबसन को (ब) नेविले को
    (स) लिटिलवुड को (द) नारायण अय्यर को

उत्तर के लिए कृपया पृष्ठ सं. 148 देखें

37. रामानुजन ने तीन नोटबुक्स लिखी थीं। एक नोटबुक में कितने अध्याय हैं?

(अ) 1 (ब) 2

(स) 3 (द) 4

38. रामानुजन ने जादुई वर्ग की रचना की थी। उनकी एक नोटबुक में 'मैजिक स्क्वायर' पर एक अध्याय है। यहाँ किस नोटबुक के बारे में बताया जा रहा है?

(अ) 1 (ब) 2

(स) 3 (द) 4

□

उत्तर के लिए कृपया पृष्ठ सं. 148 देखें

अध्याय-8

रामानुजन के जीवन पर चित्रों का संग्रह

नीचे दिए गए चित्रों को पहचानें

1.

2.

3.

4.

उत्तर के लिए कृपया पृष्ठ सं. 148-149 देखें

उत्तर के लिए कृपया पृष्ठ सं. 149 देखें

13. 

14. 

15. 

16.

Madras
22nd Jan 1914

Dear Sir,

Received your kind letter dated 24th Dec. I carefully went through your valuable remarks and I have written at the end of this letter some corrections I have made for your kind consideration.

Now I learn from your letter and Mr Neville that you are anxious to get me to Cambridge. If you had written to me previously I would have expressed my thoughts plainly to you. In Feb. 1913 when I was in the Port Trust, the Secretary to the Students Advisory Committee of Madras wrote to me that he had been asked by the Secretary of the Indian Office to see me and therefore I ought to go to him the next noon. The Chairman of the Port Trust told my superior officer to go with me and answer his questions. Accordingly the next day we went to him and he asked us whether I was prepared to go to England. What he was hesitating to reply him as the question appeared vague to me and I naturally was thinking whether I had to appear for any examination with my very poor educational qualification as I used to see students from here going to England only for appearing for some examination, my superior officer, a very orthodox Brahman having scruples to go to foreign land replied at once that I could not go to England and the matter was dropped

उत्तर के लिए कृपया पृष्ठ सं. 149 देखें

17. 

18.

Trinity College
Cambridge
26 March 1913

Dear Mr Ramanujan

Since I wrote to you last I have heard from Mr Littlewood to whom I sent your last letter to me, and I have considered further some of your results.

Your formula (3) is wrong (that is to say the formula

$$\int_{\mu}^{x} \frac{dx}{\log x} - \frac{1}{2}\int_{\mu}^{\sqrt{x}} \frac{dx}{\log x} - \frac{1}{3} \cdots\cdots \quad)$$

There are (as I think I suggested in my last letter, and as I can say more definitely now) other terms to be considered, which arise from the complex roots of the Riemann Zeta function $1^{-s}+2^{-s}+3^{-s}$ .. Your formula would be correct if there were no such roots, but it is certain that there are. From your formula it would follow that

$$\pi(x) - \int_{\mu}^{x} \frac{dx}{\log x} + \frac{1}{2}\int_{\mu}^{\sqrt{x}} \frac{dx}{\log x} = O\,\frac{\sqrt[3]{x}}{\log x}$$

and it has been definitely proved that

उत्तर के लिए कृपया पृष्ठ सं. 149 देखें

19. 

20.

Town High School

KUMBHAKONAM

II Form B Division

1st Prize

Presented to

S. Ramanujan

as a reward of merit and an incentive to

further improvement.

Secretary.

उत्तर के लिए कृपया पृष्ठ सं. 149 देखें

21. 

22. 

23. 

24. 

25. 

उत्तर के लिए कृपया पृष्ठ सं. 149-150 देखें

26. 

27. 

28. 

29. 

30. 

उत्तर के लिए कृपया पृष्ठ सं. 150 देखें

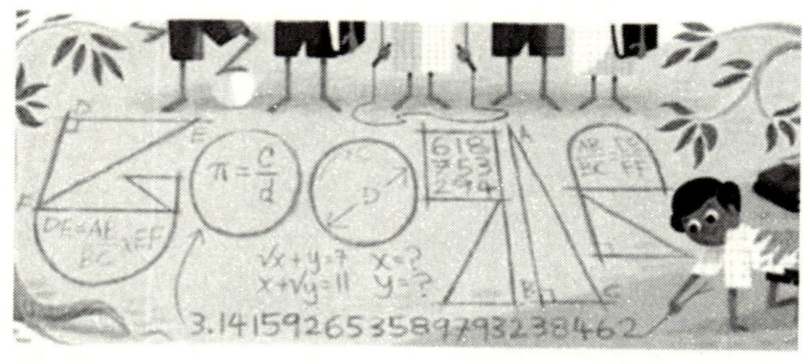

31. ____________________

32.

33.

उत्तर के लिए कृपया पृष्ठ सं. 150 देखें

अध्याय-9

रामानुजन पर किसने क्या कहा

1. उस गणितज्ञ का क्या नाम था, जिसने रामानुजन के लिए ये बेहतरीन शब्द कहे थे, ''मुझे याद है, जब वह पुटने में बीमार पड़ा था और मैं उसे देखने जा रहा था। मैं जिस टैक्सी में था, उसका नंबर 1729 था और मुझे वह संख्या कुछ नीरस-सी लगी। मैंने कहा कि यह एक शुभ संख्या नहीं थी। उसने जवाब दिया, ''नहीं, यह तो एक बहुत ही रोचक संख्या है। यह दो विभिन्न पद्धतियों से दो घनों के योगफल की सबसे छोटी संख्या है।''
   (अ) ई.एच. नेविले
   (ब) जी.एच. हार्डी
   (स) डॉ. एंड्रूज
   (द) प्रो. केन ओनो
2. ''कोई भी गणितज्ञ उसे यह भूलने नहीं देगा कि गणित किसी अन्य कला और विज्ञान से अधिक एक युवा का खेल है—गैलोइस की मौत 21 वर्ष में, एबल 27 में, रामानुजन 33 में और रीमेन की मृत्यु 40 वर्ष की उम्र में हुई थी। ऐसे भी लोग हैं, जिन्होंने बाद में महान् कार्य किए हैं; परंतु मैंने 50 वर्ष की उम्र के बाद के किसी भी आदमी के द्वारा की गई बड़ी गणितीय प्रगति की एक भी घटना नहीं देखी

उत्तर के लिए कृपया पृष्ठ सं. 150 देखें

है। एक गणितज्ञ 60 वर्ष की उम्र में भी बहुत योग्य हो सकता है, परंतु उससे किसी भी मौलिक विचारों की उम्मीद करना व्यर्थ है।'' रामानुजन की प्रशंसा में यह किसने कहा था?

(अ) जी.एच. हार्डी ने

(ब) पॉल इरडास ने

(स) डॉ. सी.वी. जोशी ने

(द) जे.ई. लिटिलवुड ने

3. ''हार्डी बहुत से गणितज्ञों को जानते थे, जो बिना थके, कदम-दर-कदम चर्चा कर सकते थे; फिर भी, उनकी गिनती रामानुजन के आसपास भी नहीं है। वर्षों बाद उन्होंने वास्तविक गणितीय योग्यता के लिए एक अनौपचारिक पैमाना खोजा, जिस पर उन्होंने स्वयं को 25, लिटिलवुड को 30 और उस समय के महान् गणितज्ञ डेविड हिल्बर्ट को 80 अंक प्रदान किए थे। रामानुजन को उन्होंने 100 अंक दिए।'' यह कथन किसका है?

(अ) जी.एच. हार्डी (ब) पॉल इरडास

(स) डॉ. सी.वी. जोशी (द) जे.ई. लिटिलवुड

4. ''एक समीकरण का अर्थ मेरे लिए कुछ भी नहीं है, जब तक कि वह ईश्वर का विचार न दरशाए।'' किस भारतीय गणितज्ञ ने इन खूबसूरत पंक्तियों को कहा था?

(अ) जी.एच. स्टीवेन (ब) पॉल इरडास

(स) श्रीनिवास रामानुजन (द) जे.ई. लिटिलवुड

5. ''मेरी उसके समान किसी से भी मुलाकात नहीं हुई है। मैं उसकी तुलना सिर्फ इयूलर और जैकोबी से ही कर सकता हूँ।'' रामानुजन के बारे में यह किसने कहा था?

(अ) जी.एच. हार्डी (ब) पॉल इरडास

(स) डॉ. सी.वी. जोशी (द) जे.ई. लिटिलवुड

उत्तर के लिए कृपया पृष्ठ सं. 150 देखें

6. किस भारतीय भौतिक–शास्त्री ने कहा था, "श्रीनिवास रामानुजन की खोज कैंब्रिज के गणितज्ञ हार्डी ने की थी, जिनकी सन् 1915 से 1919 के बीच की गणितीय खोज की प्रशंसा की जानी चाहिए। उनकी उपलब्धियों को सन् 1920 में हुए उनके असामयिक निधन के बहुत बाद पूरी तरह से समझा गया था।"

    (अ) जे.आर.डी. टाटा (ब) जयंत नार्लिकर

    (स) ओ.जे. टोयटा (द) एडवर्ड केसनर

7. "प्रत्येक धनात्मक पूर्णांक रामानुजन का निजी मित्र है।" यह किसने कहा था?

    (अ) जॉन लिटिलवुड (ब) डॉ. भोरानिया

    (स) जी.एच. हार्डी (द) रिचर्ड एसके

8. "इयूलर और रामानुजन स्थिरांक गणित के इतिहास में महत्त्वपूर्ण गणितज्ञ हैं।" यह कथन किसका है?

    (अ) जॉन लिटिलवुड (ब) डॉ. भोरानिया

    (स) जी.एच. हार्डी (द) ई.डब्ल्यू. मिडिलमास्ट

9. "श्रीनिवास रामानुजन गणित और संभवतः विज्ञान के इतिहास में विलक्षण व्यक्ति थे। उनकी तुलना अँधेरे में चमकते हुए एक नवतारे से की जा रही है, जो अंधकार में, गणित के अति विशिष्ट क्षेत्र में प्रकाशमान है तथा रीमेन की ही भाँति 33 वर्ष की उम्र में तपेदिक से उनकी दुःखद मृत्यु हो गई थी।" यह बात किसने कही थी?

    (अ) जॉन लिटिलवुड (ब) डॉ. भोरानिया

    (स) मिशियो काकू (द) ई.डब्ल्यू. मिडिलमास्ट

10. "उनका काम 20वीं शताब्दी के भारतीय विज्ञान की दस उच्च उपलब्धियों में से एक है और इसे नोबेल पुरस्कार के लिए उपयुक्त माना जा सकता है।" यह किसने कहा था?

    (अ) जयंत नार्लिकर (ब) बी. रामनीन

    (स) ई.एच. नेविले (द) क्लिफोर्ड एसके

उत्तर के लिए कृपया पृष्ठ सं. 150 देखें

11. किसने कहा था, ''रामानुजन के मस्तिष्क की गुणवत्ता की कल्पना कीजिए, जिसने उन्हें मृत्यु के स्तर तक बीमार होने पर भी निरंतर काम के लिए प्रेरित किया था और उनके शरीर के कमजोर होने पर भी वह गहराई से विकसित होता रहा। मैं उनकी उपलब्धियों को देखकर आश्चर्यचकित था। उनकी समझ मुझसे परे थी। हम ऐसे किसी भी गणितज्ञ की प्रशंसा करेंगे, जिसके जीवन भर का काम रामानुजन के मरते समय अंतिम वर्ष में किए गए काम का आधा है।''

(अ) के.एस. अय्यर | (ब) रिचर्ड एसके
(स) डॉ. भूषण | (द) ई.टी. बेल

12. ''संगीत के लिए मोजार्ट और भौतिकी के लिए आइंस्टीन तथा गणित के लिए रामानुजन महान् हैं।'' यह कथन किसका है ?

(अ) जॉन लिटिलवुड | (ब) डॉ. भोरानिया
(स) क्लिफाइर्स स्टाल | (द) ई.डब्ल्यू. मिडिलमास्ट

13. रामानुजन के उन शिक्षक का क्या नाम था, जिन्होंने कहा था, ''उनके स्तर को मापने के लिए 1 या 100 काफी नहीं है। वे संभावित अधिकतम अंकों से अधिक के हकदार हैं।''

(अ) कृष्णास्वामी अय्यर | (ब) ई.टी. बेल
(स) क्लिफोर्ड्स स्टाल | (द) ई.डब्ल्यू. मिडिलमास्ट

14. कैंब्रिज के उस गणितज्ञ का क्या नाम है, जिन्होंने कहा था, ''मुझे यकीन है कि केवल हार्डी ही ऐसे गणितज्ञ नहीं थे, जो इसे कर सकते थे। शायद मांडेल भी इसे कर सकते थे और पोलया भी कर सकते थे। मुझे लगता है कि कुछ ऐसे लोग हैं, जो हार्डी भूमिका अदा कर सकते थे; परंतु उस विशेष साझेदारी में रामानुजन की भूमिका कोई और व्यक्ति नहीं निभा सकता था।''

(अ) बेला बोलोबास | (ब) जी.एस. कार
(स) मार्क बेल | (द) लिटिलवुड

उत्तर के लिए कृपया पृष्ठ सं. 150 देखें

15. "जब दशमलव प्रणाली का एक महान् सच्चा ज्ञाता या जानकार जैसे हिंदू रामानुजन अचानक ही न जाने कहाँ से आ जाता है, तब विशेषज्ञों की विवेचना भी उन्हें स्वर्ग के एक उपहार की तरह ही लगती है।" यह कथन किसने कहा था?

(अ) ई.टी. बेल (ब) जानकी रमन
(स) बेला चंद (द) लिटिलवुड

16. यह किसने कहा था, "रामानुजन साधारण विद्वान् की बजाय एक जादूगर थे।"

(अ) नील बोर (ब) मार्क कास
(स) मार्क बेल (द) लिटिलवुड

17. "एक विवेकपूर्ण मस्तिष्क इस पृथ्वी पर कभी-कभी विवेक और अविवेक का अनोखा मिश्रण होता है।" यह किसने कहा था?

(अ) रामचंद्र राव (ब) ई.टी. बेल
(स) जी.एच. हार्डी (द) अमरनाथ झा

18. "उनके पास जो भी आता, वे उससे बात नहीं करते थे। उनके लिए हमेशा गणित ही था। अपनी मृत्यु से चार दिन पहले तक वे कलम घिस रहे थे।" यह किसने कहा है?

(अ) कोमलताम्मल (ब) रामचंद्र राव
(स) जानकी रामानुजन (द) पी.वी. शेषु अय्यर

19. "उनके पहनावे में कोई विशेष शैली या व्यवहार में नाटकीयता नहीं थी। वे अपने सरल-से चेहरे और अपनी सरलता के साथ एक बच्चे की तरह के व्यक्ति थे। रामानुजन के चेंबर में जब कुछ तीर्थयात्री आए, तब उन्हें आश्चर्य हुआ कि क्या वे ऐसे थे। यदि मुझे रामानुजन को एक शब्द में व्यक्त करने के लिए कहा जाए, तब मैं इसे 'भारतीयता' का नाम दूँगा।" यह कथन किसका है?

(अ) रामचंद्र राव (ब) जी.एच. हार्डी
(स) लिटिलवुड (द) जॉर्ज एंड्रूज

उत्तर के लिए कृपया पृष्ठ सं. 150 देखें

20. "भारत और इंग्लैंड के संबंधों के विकास में रामानुजन का कॅरियर एक विशेष महत्त्व रखता है, क्योंकि वे एक गणितज्ञ थे। भारत ने कई महान् वैज्ञानिक, कवि और दार्शनिक दिए हैं; परंतु इसमें विदेशी साहित्य की प्रशंसा में आश्रय की सूक्ष्म झलक है। केवल गणित में ही आविवादित रूप से सभी भारतीयों में रामानुजन पहले व्यक्ति थे, जिन्हें अंग्रेजों ने अपने महान् व्यक्तियों के समकक्ष माना था।" यह कथन किसका है?

(अ) ई.टी. बेल (ब) ई.एच. नेविले
(स) रामचंद्र राव (द) केन ओनो

21. किसने कहा था, "रामानुजन मेरी खोज हैं।"

(अ) जी.एच. हार्डी (ब) सुब्रमण्यम
(स) आइंस्टीन (द) आर्थर बेरी

22. "100 या 150 वर्ष पहले रामानुजन कितने महान् गणितज्ञ हो सकते थे। यदि वे सही समय इयूलर के संपर्क में होते, तब क्या हुआ होता?" यह कथन किसका है?

(अ) जे.ई. लिटिलवुड
(ब) जी.एच. हार्डी
(स) जॉर्ज एंड्रूज
(द) रामचंद्र राव

23. "यदि रामानुजन के पास MACSYMA या SCRATCHPAD या अन्य सांकेतिक बीजगणित का पैकेज होता, तब वह कितना कुछ कर सकते थे। अकसर ही मुझे लगता है कि उनमें इतना बुद्धिमान, चतुर और अंत:बोधवाला कंप्यूटर था कि उन्हें इनकी जरूरत ही नहीं पड़ी।" यह किसने कहा था?

(अ) जे.ई. लिटिलवुड (ब) जी.एच. हार्डी
(स) जॉर्ज एंड्रूज (द) रामचंद्र राव

उत्तर के लिए कृपया पृष्ठ सं. 150 देखें

24. किस भारतीय प्रधानमंत्री ने कहा था, ''रामानुजन का संक्षिप्त जीवन और मृत्यु भारत में स्थितियों का द्योतक है। हमारे लाखों लोगों में कैसे कुछ लोग शिक्षा प्राप्त करते हैं; कितने लोग भुखमरी के कगार पर जीते हैं! यदि जीवन ने अपने द्वार उनके लिए खोले होते और उन्हें भोजन, जीने की स्वस्थ स्थिति, शिक्षा एवं विकास के लिए अवसर प्रदान किया होता, तब इन लाखों में से कितने लोग कुशल वैज्ञानिक, शिक्षा-शास्त्री, उद्यमी, लेखक, कलाकार बनते और वे एक नए भारत एवं एक नई दुनिया के निर्माण में सहायता करते।''
(अ) जवाहरलाल नेहरू
(ब) लाल बहादुर शास्त्री
(स) डॉ. मनमोहन सिंह
(द) राजीव गांधी

25. ''बीजगणित के सूत्रों एवं अनंत श्रृंखला के परिवर्तनों के लिए यह उनकी अंतर्दृष्टि थी तथा वे अद्‌भुत थे। इस मामले में मुझे विश्वास है कि मैं उनके बराबर के व्यक्ति से नहीं मिला हूँ। मैं उनकी तुलना सिर्फ इयूलर या जैकोबी से ही कर सकता हूँ। उन्होंने गणितीय उदाहरणों के द्वारा आधुनिक गणितज्ञों के समूहों से भी अधिक काम किया था। उदाहरणस्वरूप, उनके सभी सामंजस्य, विभाजन की विशेषताएँ इसी भाँति ढूँढ़ी गई थीं। उनकी स्मृति, धैर्य, गणितीय क्षमता के साथ उन्होंने सामान्यीकरण की ताकत को भी मिला दिया था। आकार को महसूस करना और उनकी कल्पनाओं के तीव्र परिवर्तन की क्षमता वाकई आश्चर्यजनक थी तथा इसने उन्हें अपने विलक्षण क्षेत्र में बिना प्रतिद्वंद्वी वाला बना दिया था।'' यह कथन किसका है ?
(अ) जे.ई. लिटिलवुड (ब) जी.एच. हार्डी
(स) जॉर्ज एंड्रूज (द) रामचंद्र राव

उत्तर के लिए कृपया पृष्ठ सं. 150 देखें

26. उस भारतीय वैज्ञानिक का क्या नाम था, जिन्होंने रामानुजन को इन शब्दों में याद किया था, ''वह अप्रैल 1920 का कोई दिन था, तब मैं दस साल का भी नहीं था। मेरी माँ ने अखबार की एक खबर मुझे बताई कि रामानुजन नाम के एक प्रसिद्ध गणितज्ञ की मृत्यु एक दिन पूर्व हो गई थी। उन्होंने मुझे बताया कि रामानुजन कुछ वर्ष पूर्व इंग्लैंड गए थे और उन्होंने कुछ अंग्रेज गणितज्ञों के साथ मिलकर काम किया था। उन्होंने जो भी प्राप्त किया था, उसके लिए वे अंतरराष्ट्रीय रूप से जाने जाते थे। हालाँकि उस समय मुझे इसका अंदाजा नहीं था कि रामानुजन किस तरह के गणितज्ञ थे या उनकी वैज्ञानिक उपलब्धियों का अर्थ क्या था; परंतु मैं अभी भी उस प्रसन्नता को याद कर सकता हूँ, जिसमें मैंने एक सुनिश्चितता महसूस की थी कि मेरी जैसी परिस्थितियों में पला कोई व्यक्ति वह प्राप्त कर सकता था, जिसे मैं नहीं समझ सका। मुझे पूर्ण विश्वास है कि दूसरे लोग भी इसी तरह प्रसन्न हुए होंगे। मुझे लगता है कि आपके लिए यह कल्पना करना कठिन नहीं है कि रामानुजन ने जो उदाहरण उस समय के युवा पुरुषों और महिलाओं के सामने रखा था, जो दुनिया को अलग नजरिए से देखने की शुरुआत कर रहे थे। वास्तविकता यह है कि रामानुजन के शुरुआती वर्ष वैज्ञानिक रूप से अनुपयुक्त वातावरण में बीते थे। भारत में उनका जीवन बहुत ही कठिनाइयों से भरा हुआ था। वैसी परिस्थितियों में अधिकतर भारतीय कुछ भी विलक्षण नहीं कर सकते थे। वे कैंब्रिज पहुँचे और वहाँ उन्हें योग्य गणितज्ञों का सहयोग प्राप्त हुआ और वे भारत इस विश्वास के साथ लौटे कि उन्हें इस सदी के बहुत मौलिक गणितज्ञों में से एक माना जाएगा। किसी भी आकांक्षा-युक्त युवा भारतीय के लिए अपनी बौद्धिक कैद की सीमाओं को तोड़ने के लिए और

उत्तर के लिए कृपया पृष्ठ सं. 150 देखें

शायद रामानुजन के चले रास्ते पर ऊँचा उड़ने के लिए भी इतनी वास्तविकता काफी है।''

(अ) होमी जहाँगीर भाभा (ब) सुब्रमण्यम चंद्रशेखर

(स) जे.सी. बोस (द) सी.वी. रमन

27. रामानुजन के लिए ये शब्द किसने कहे थे, ''एक छोटे कद का देहाती रूप लिये मजबूत काठीवाला बिना दाढ़ी बनाए, ध्यान आकर्षित करता आकार व चमकदार आँखों के साथ रामानुजन अपनी पुरानी नोटबुक बगल में दबाए आया था। उसकी गरीबी दयनीय थी। उसने अपनी पुस्तक खोली और अपनी कुछ खोजों के बारे में बताने लगा। मैंने देखा कि वह कुछ अलग हटकर था; परंतु मेरी जानकारी यह निर्णय लेने की स्थिति में नहीं थी कि वह सही था कि गलत। मैंने उससे पूछा कि वह क्या चाहता था। उसने कहा, वह जीविकोपार्जन के लिए कुछ आर्थिक सहायता चाहता है, ताकि वह अपना शोध जारी रख सके।''

(अ) रामचंद्र राव (ब) चंद्रशेखर

(स) जे.सी. बोस (द) कोमलताम्मल

28. ''रामानुजन संख्याओं के साथ जीता था।'' यह किसने कहा था?

(अ) जे.ई. लिटिलवुड

(ब) जी.एच. हार्डी

(स) जॉर्ज एंड्रूज

(द) रामचंद्र राव

29. ''मैं ब्लैकबोर्ड पर कुछ सूत्रों पर लगा हुआ था और बीच-बीच में रामानुजन की तरफ भी देख रहा था कि मैं जो कुछ कर रहा था, वह उसे समझ रहा था कि नहीं। एक स्तर पर रामानुजन के चेहरे पर चमक आई और वह बहुत उत्साहित नजर आ रहा था। वह अपनी जगह से उठा और उसने कुछ परिणामों को लिख दिया, जिसे मैं

उत्तर के लिए कृपया पृष्ठ सं. 150 देखें

अभी तक सिद्ध नहीं कर सका था। रामानुजन इन परिणामों तक शायद अपनी अंत:प्रेरणा से ही पहुँचा था। अधिकतर परिणाम उसके मस्तिष्क में बिना किसी प्रयास के ही आते मालूम पड़ते थे।'' यह किसने कहा था ?

(अ) जे.ई. लिटिलवुड (ब) जी.एच. हार्डी

(स) आर्थर बेरी (द) रामचंद्र राव

30. ''उनके ज्ञान की सीमाएँ उतनी ही आश्चर्यजनक थीं, जितनी कि उनके अपने विषय पर गंभीरता थी। वह एक ऐसे व्यक्ति थे, जो कि मापांक समीकरणों और प्रमेयों पर काम कर सकते थे। अनजाने क्रमों पर, जिनपर निरंतर भिन्नता की उनकी प्रवीणता थी। वह दुनिया के किसी भी गणितज्ञ से अलग थे। उन्होंने स्वयं के लिए जीटा फलन के फलन समीकरण को और संख्याओं के विवेचनात्मक सिद्धांत में अति प्रसिद्ध समस्याओं के प्रभुत्वशाली रूपों को हासिल किया था। हालाँकि उन्होंने कॉची प्रमेय या दोहरे क्रमिक फलन के बारे में कभी नहीं सुना था, परंतु उन्हें जटिल परिवर्तनीय फलन का अस्पष्ट अंदाज था।'' यह कथन किसका है ?

(अ) जे.ई. लिटिलवुड (ब) जी.एच. हार्डी

(स) जॉर्ज एंड्रूज (द) रामचंद्र राव

31. यह किसने कहा था, ''मुझसे अकसर पूछा जाता है कि रामानुजन के पास क्या कोई रहस्य है ? क्या उनका तरीका दूसरे गणितज्ञों से अलग है ? क्या उनके सोचने के तरीके में कुछ असामान्यता है ? मैं इन सभी सवालों के जवाब किसी यकीन या दृढ़ता से नहीं दे सकता हूँ; मगर मुझे इसपर विश्वास नहीं है। मुझे यकीन है कि सभी गणितज्ञ एक ही तरीके से सोचते हैं और रामानुजन इसमें कोई अपवाद नहीं हैं।''

(अ) जे.ई. लिटिलवुड (ब) जी.एच. हार्डी

(स) जॉर्ज एंड्रूज (द) रामचंद्र राव

उत्तर के लिए कृपया पृष्ठ सं. 150 देखें

32. यह किसने कहा था, ''मापांक रूपों के गुणांकों की गुणात्मक विशेषताओं की पहचान को हम शीर्ष रूप में दरशाते हैं और इसके संदर्भ में उनकी परिकल्पनाओं तथा बाद में उनके सामान्यीकरण ने आज के गणित में अधिक केंद्रीय भूमिका निभाई है तथा हमारे समय के श्रेष्ठतम गणितज्ञों का ध्यान आकर्षित किया है। अन्य अनुसंधान, जैसे मॉक थीटा फलन समझे जाने के लिए बहुत ही शुरुआती दौर में है और कोई भी उनके वास्तविक महत्त्व का अनुमान नहीं लगा सकता है। अत: अंतिम निर्णय वाकई अभी नहीं आया है और एक लंबे समय तक आ भी नहीं सकता है; परंतु इसमें कोई शक नहीं है कि गणित में रामानुजन का अनुमान वर्षों से बढ़ता जा रहा है।''

(अ) जे.ई. लिटिलवुड (ब) जी.एच. हार्डी

(स) एटली सेलबर्ग (द) रामचंद्र राव

33. ''बहुत से लोगों ने रामानुजन के गणितीय सोच को रहस्यमयी शक्तियों के रूप में प्रचारित किया था; परंतु यह सच नहीं है। उन्होंने प्रत्येक परिणाम को अपनी तीनों नोटबुक्स में ठीक ढंग से लिखा है।'' यह कथन किसका है?

(अ) ब्रूस सी. बर्ण्ट (ब) प्रो. केन ओनो

(स) डेविड ग्रिगोरी (द) एटली सेलबर्ग

34. ''आज के भारत में रामानुजन किसी ग्रामीण कॉलेज में लेक्चरर भी नहीं बन सकते थे; क्योंकि उनके पास कोई डिग्री नहीं थी। संघ लोक सेवा आयोग के जरिए उन्हें बहुत ही छोटा पद प्राप्त होता। भारत के लिए यह वास्तविकता सम्मानजनक नहीं है। मुझे यह जानकारी है कि एफ.आर.एस. होने के बाद उन्हें भारत में कोई पद दिया गया था। परंतु यह बहुत ही लज्जाजनक है कि भारत के महान् लोगों को विदेशी पहचान के लिए इंतजार करना पड़ा। यदि रामानुजन के काम को भारत में इंग्लैंड के जितना जल्दी ही पहचान लिया गया होता,

उत्तर के लिए कृपया पृष्ठ सं. 150 देखें

तब वे वहाँ कभी नहीं गए होते और शायद आज जीवित भी होते।'' यह किसने कहा था?

(अ) डी.ई. स्मिथ (ब) जे.बी.एस. हाल्डेन

(स) फ्रीमैन डायसन (द) मार्डेल

35. ''रामानुजन की परिकल्पना ने विख्यात गणितज्ञों को करीब छह दशकों तक रोके रखा था।'' यह कथन किसका है?

(अ) एस. राघवन

(ब) मार्डेल

(स) रामचंद्र राव

(द) पी.वी. शेषु अय्यर

36. ''उन्होंने बहुत कुछ खोजा और अपने बगीचे में दूसरे लोगों के ढूँढ़ने के लिए बहुत कुछ छोड़ दिया। चौवालीस साल पहले जब रामानुजन ने खोज की थी, मैं उस आनंददायक दिन से अकसर उनके बगीचे में आता रहा हूँ। मैं जब भी यहाँ आया हूँ, मुझे यहाँ नए व ताजे खिले फूल प्राप्त हुए हैं।'' यह कथन किसका है?

(अ) फ्रीमैन डायसन

(ब) जी.एच. हार्डी

(स) जॉर्ज एंड्रूज

(द) रामचंद्र राव

37. ''हमारी पीढ़ी में गणित के क्षेत्र में श्रीनिवास रामानुजन से अधिक कल्पना-प्रधान और कोई व्यक्ति नहीं है।'' यह किसने कहा था?

(अ) सन् 1932 में रॉबर्ट कारमाइकल ने

(ब) सन् 1922 में जी.एच. हार्डी ने

(स) सन् 1945 में जे.ई. लिटिलवुड ने

(द) सन् 1920 में रामचंद्र राव ने

उत्तर के लिए कृपया पृष्ठ सं. 150 देखें

38. "पीढ़ियों पहले कुछ अन्य गणितज्ञ मानव रुचियों से परिपूर्ण थे। रामानुजन के जीवन की कहानी एक ऐसे अंधकारमय भारतीय की है, जो कठिन परिस्थितियों में ऊपर उठकर अति प्रसिद्ध गणितज्ञों की जमात में शामिल हुआ और जैसे ही उसने अति प्रसिद्ध विशिष्टता हासिल की, वैसे ही उसकी कम उम्र में मृत्यु हो गई।" यह कथन किसका है?

(अ) मार्डेल (ब) हार्डी

(स) लिटिलवुड (द) नेविले

39. "रामानुजन मानक से इतना अधिक उतार–चढ़ाव दरशाते हैं कि उनका भारत में जन्म लेना एक हद तक अप्रत्याशित घटना के रूप में माना जाता है और भारत अपने देशवासियों में से कई लोगों, जिन्होंने पश्चिम में विश्व मंच पर अपनी जगह बनाई है, पर गर्व कर सकता है।" यह किसने कहा था?

(अ) ए.पी.जे. अब्दुल कलाम (ब) एस. चंद्रशेखर

(स) मार्डेल (द) रॉबर्ट रस्किन

40. किसने कहा था, "ब्रिटिश सोचते थे कि भारतीय निम्न स्तर पर हैं; मगर रामानुजन ने इसके विपरीत दिखा दिया। उन्होंने हमारा आत्मविश्वास बढ़ा दिया।"

(अ) पी.के. श्रीनिवासन, रामानुजन संग्रहालय के संस्थापक

(ब) डॉ. ए.पी.जे. अब्दुल कलाम

(स) पं. जवाहरलाल नेहरू

(द) राजीव गांधी

41. यह कथन किसका है, "यदि उन्हें मेरे निर्देशों का पालन करने की अनुमति प्रदान की जाती, तब यह दोहरी त्रासदी नहीं हुई होती। शुरुआती दौर में रामानुजन की लापरवाही, जिसमें उनके सहयोगी और संबंधी (माँ व पत्नी) भी शामिल हैं। मैं इसे कड़े शब्दों में

उत्तर के लिए कृपया पृष्ठ सं. 150 देखें

आपराधिक लापरवाही ही कहूँगा, जिसकी वजह से यह दोहरी विपदा घटी। यह एक ऐसी त्रासदी है, जो आँसुओं से भी अधिक गहरी है।''

(अ) पी.एस. चंद्रशेखर (रामानुजन के डॉक्टर)

(ब) एस. चंद्रशेखर

(स) एम.ए. लतीफ

(द) ध्रुव मिस्त्री

42. ''उन्होंने अपने दुर्भाग्यशाली दिनों में जो विचार किया था, उससे अधिक या अधिक अंतर्दृष्टिवाले उनके पत्र या शोध नहीं हैं। इसमें संदेह नहीं है कि उनका शरीर क्षीण हो रहा था, पर उनकी बौद्धिक कल्पना–दृष्टि अधिक बढ़ रही थी तथा प्रकाशमान हो रही थी।'' यह किसने कहा था?

(अ) शांति नारायण (ब) पी.वी. शेषु अय्यर

(स) सी.वी. जोशी (द) पी.के. श्रीनिवासन

43. ''मॉक थीटा फलन की रामानुजन की खोज ने यह स्पष्ट कर दिया है कि उनकी कुशलता और प्रवीणता ने उनकी असामयिक मृत्यु पर भी उन्हें नहीं छोड़ा था। उनके पूर्व किए गए कार्यों की ही भाँति मॉक थीटा फलन उनकी याद को बनाए रखने के लिए काफी है।'' यह कथन किसका है?

(अ) जी.एच. हार्डी (ब) जे.ई. लिटिलवुड

(स) जी.एन. वाटसन (द) ई.एच. नेविले

44. रामानुजन ने यह किससे कहा था, ''मेरा एक दोस्त है, जो मुझे तुम सब में अधिक प्यार करता है और वह मुझे छोड़कर नहीं जाना चाहता है। वह है तपेदिक का बुखार।''

(अ) अपने मित्र शार्ङ्पाणि से कहा था

(ब) अपनी पत्नी से कहा था

(स) अपने भाई से कहा था

(द) अपनी माँ से कहा था

उत्तर के लिए कृपया पृष्ठ सं. 151 देखें

45. "मेरे पास रामानुजन की कुछ मूल नोटबुक्स थीं और मुझे ऐसा महसूस होता है कि मैं उनसे बातें कर रहा था। नोटबुक्स के पन्ने पीले पड़ चुके थे और अलग-अलग थे; परंतु वे सूत्रों और अचर संख्या वर्गों और आश्चर्यजनक कल्पनाओं से भरे हुए थे, जिनकी विवेचना करना कठिन है। उनमें इसका कोई संकेत नहीं था कि वह इन तक कैसे पहुँचा था।" यह किसने कहा था?

(अ) डेविड ब्रूस | (ब) जॉर्ज एंड्रूज
(स) केन ओनो | (द) जी.एच. हार्डी

46. यह किसने कहा था, "रामानुजन भारत में एक हीरो की तरह हैं, इसीलिए यह एक तरह का गणित का रॉक टूर है और मैं उनका सबसे बड़ा प्रशंसक हूँ। मेरा निजी जीवन रामानुजन के साथ अपरिहार्य रूप से गुँथा हुआ है। मुझे लगता है, गणित के कई लक्ष्यों का अनुमान उन्हीं ने किया था। मैं इस बात से बहुत खुश हूँ कि उनका वजूद था।"

(अ) डेविड ब्रूस | (ब) जॉर्ज एंड्रूज
(स) केन ओनो | (द) जी.एच. हार्डी

47. यह किसने कहा था, "हमने सिद्ध कर दिया कि रामानुजन सही थे। हमने उनकी कल्पनाओं में से एक की विवेचना करते हुए उस सूत्र को प्राप्त कर लिया है, जिसके बारे में उन्हें यकीन था कि वह उनके पास देवी से आया था।"

(अ) डेविड ब्रूस | (ब) जॉर्ज एंड्रूज
(स) केन ओनो | (द) जी.एच. हार्डी

48. किसने कहा था, "रामानुजन के कार्य की सबसे बड़ी ताकत उनका गहराई में और दूर तक जाना है।"

(अ) डेविड ब्रूस | (ब) जॉर्ज एंड्रूज
(स) केन ओनो | (द) फ्रीमैन डायसन

उत्तर के लिए कृपया पृष्ठ सं. 151 देखें

49. रामानुजन के बारे में इन खूबसूरत पंक्तियों को लिखनेवाले गणितज्ञ का क्या नाम था—"यदि वह अपनी युवावस्था में थोड़ा साध दिए जाते, तब वह एक महान् गणितज्ञ हो सकता थे तथा निस्संदेह रूप से उन्होंने कुछ और नए अनुसंधान कर लिये होते, जिनका महत्त्व बहुत अधिक होता।"

(अ) डेविड ब्रूस (ब) जॉर्ज एंड्रूज

(स) केन ओनो (द) जी.एच. हार्डी

50. यह कथन किसका है, "यदि रामानुजन का सहयोग नहीं होता, तब सन् 1914-1918 का युद्ध हार्डी के लिए अधिक अंधकारमय होता। यह रामानुजन का काम ही था, जिसने कॉलेज के तीव्र झगड़ों के दौरान हार्डी के लिए सांत्वना का काम किया था।"

(अ) डेविड ब्रूस (ब) सी.पी. शो

(स) केन ओनो (द) जी.एच. हार्डी

51. "मैंने इसे अपना सौभाग्य माना कि उन्हें चावल, जूस, मक्खन, दूध आदि नियमित अंतराल से दिया और जब उन्होंने दर्द की शिकायत की, तब उनकी छाती और पैरों की सिंकाई भी की थी। उस समय पानी गरम करने के लिए इस्तेमाल किए गए दो बरतन अभी भी मेरे पास हैं और ये मुझे अकसर उन दिनों की याद दिलाते हैं।" यह किसने कहा था?

(अ) जानकी अम्मल

(ब) कोमलताम्मल

(स) शेषु अय्यर

(द) फ्रीमैन डायसन

52. "मैं अभी भी अपने आप से कहता हूँ कि जब मैं निराश होता हूँ या मैंने खुद को आडंबरी व उबाऊ लोगों को सुनने के लिए विवश पाया, तब मैंने वह काम किया, जो तुम कभी नहीं कर सके। मैंने

उत्तर के लिए कृपया पृष्ठ सं. 151 देखें

रामानुजन और लिटिलवुड के साथ समान स्तर पर मिलकर काम किया।'' यह कथन किसका है ?

(अ) डेविड ब्रूस (ब) जॉर्ज एंड्रूज

(स) केन ओनो (द) जी.एच. हार्डी

53. ''मुझे स्वयं को एक आकार देना पड़ा, जो मैंने पहले कभी नहीं दिया था और मैंने तुम्हें भी आकार लेने में सहायता की थी। कुछ का मानना है कि गणित के हालिया इतिहास में यह एक अति रोचक आकृति है। एक ऐसा व्यक्ति, जिसका जीवन विसंगतियों और विरोध से भरा हुआ है, पर उसने सभी तोपों को चुनौती दी, जिसमें हम सभी आपस में एक-दूसरे को परखने के आदी रहे तथा हम सभी संभवतः एक निर्णय पर सहमत थे कि कुछ मामले में वह एक महान् गणितज्ञ थे।'' यह कथन किसका है ?

(अ) डेविड ब्रूस (ब) जॉर्ज एंड्रूज

(स) जी.एच. हार्डी (द) केन ओनो

54. किसने कहा था, ''रामानुजन इंग्लैंड कतार में ही पहुँचे थे, पर अपने समकालीन गणितीय ज्ञान से आगे थे। इसीलिए अपने तगड़े प्रभाव से उन्होंने अपने क्षेत्र में बिना किसी सहायतावाली अपनी ताकत से यूरोपीय गणित की महान् अर्ध शतक की सफलता अर्जित की। इसमें किसी को भी संदेह हो सकता है कि विचारों के इतिहास में क्या कभी ऐसा आश्चर्यजनक कमाल हुआ होगा।''

(अ) डेविड ब्रूस

(ब) जॉर्ज एंड्रूज

(स) जे.आर. न्यूमैन

(द) जी.एच. हार्डी

55. ''रामानुजन के काम को जिस रूप में परखा जाना चाहिए, उसके स्तर और गणित के भविष्य पर पड़नेवाले प्रभाव में मतभेद हो सकता

उत्तर के लिए कृपया पृष्ठ सं. 151 देखें

है। यह महान् कार्य की साधारणता और अपरिहार्यता नहीं थी। यदि यह कम आश्चर्यजनक हो, तब यह और भी महान् होगा। इसके दिए गए उपहार–गहनता और अपराजेय मौलिकता को कोई नकार नहीं सकता है।'' यह किसने कहा है?

(अ) डेविड ब्रूस (ब) जॉर्ज एंड्रूज

(स) केन ओनो (द) जी.एच. हार्डी

56. ''रामानुजन केवल 33 वर्ष तक ही जीवित रहे; परंतु वे एक विलक्षण गणितज्ञ थे।'' यह किसने कहा था?

(अ) डॉ. ए.पी.जे. अब्दुल कलाम

(ब) डॉ. राजेंद्र प्रसाद

(स) प्रो. यशपाल

(द) डॉ. सी.वी. जोशी

57. ''विशुद्ध अत:प्रज्ञा–युक्त बौद्धिकता के एक लंबे मेल तथा स्लेट पर उनके घंटों तक के परिश्रम ने उनकी अधिकतर शिक्षा–पद्धति के अभाव को भरा है। हार्डी ने उनके बारे में कहा है कि यूरोप की संगृहीत बौद्धिकता के खिलाफ एक अकेले और निर्धन हिंदू ने अपने मस्तिष्क से चुनौती दी है। उसने गणित की सदी को पुनः ढूँढ़ा है, जो अगली सदी के लिए गणितज्ञों को मुग्ध कर देगी।'' यह कथन किसका है?

(अ) जे.जे. रावल (ब) रॉबर्ट कोनी जेल

(स) पी.के. श्रीनिवासन (द) अमृता जोशी

58. किस भारतीय प्रधानमंत्री ने कहा था, ''रामानुजन आर्थिक विपन्नता की पृष्ठभूमि से आए थे तथा उनकी बौद्धिकता दुर्जेय कठिनाइयों को पार करते हुए महानता के शिखर पर पहुँची। संपूर्ण भारत को उन पर गर्व है। बहुत से भारतीयों को उनकी चमक से प्रेरणा प्राप्त हुई है। तमिलनाडु का वाकई उनपर एक विशेष अधिकार है, क्योंकि वे एक

उत्तर के लिए कृपया पृष्ठ सं. 151 देखें

तमिल थे। सर वी.के. रमन और सुब्रमण्यम चंद्रशेखर के साथ ही वे विज्ञान और गणित के तीन महान् व्यक्तियों में शामिल हैं, जिन्हें तमिलनाडु और भारत ने आधुनिक विश्व को दिया है।''

(अ) अटल बिहारी वाजपेयी

(ब) जवाहरलाल नेहरू

(स) लाल बहादुर शास्त्री

(द) इंदिरा गांधी

59. ''जैसा कि कहा जाता है, वे इंग्लैंड से सिर्फ मरने के लिए ही वापस लौटे थे। वे एक साल से भी कम जीवित रहे। सारे समय मैं उनके साथ रही थी। वे हड्डी का ढाँचा मात्र रह गए थे। वे अकसर अपनी तीव्र पीड़ा की शिकायत करते थे। इतना होने के बावजूद वे अपने गणित के कार्य में व्यस्त रहते थे। शायद यह उनकी पीड़ा भूलने में उनकी सहायता करता था। वे जिन कागजों को भर देते थे, मैं उन्हें इकट्ठा करती रहती थी। जब भी वे माँगते, मैं उन्हें स्लेट देती थी। वे मेरे प्रति बहुत दयालु थे। अपनी बातचीत में वे विनोद और परिहास से भरे हुए थे। इतना बीमार होने पर भी वे मजेदार किस्से सुनाते रहते थे। एक दिन उन्होंने मुझे बताया कि वे शायद 35 वर्ष की उम्र के बाद नहीं जी सकेंगे और उन्होंने मुझे घटनाओं का सामना धैर्य व साहस से करने के लिए कहा था। उनके मित्र उनकी बहुत देखभाल करते थे। वे उन लोगों के प्रति अकसर कृतज्ञता का भाव रखते थे, जिन्होंने उनके जीवन में उनकी सहायता की थी।'' यह कथन किसका है ?

(अ) कोमलताम्मल

(ब) जानकी अम्मल

(स) शेषु अय्यर

(द) जी.एच. हार्डी

उत्तर के लिए कृपया पृष्ठ सं. 151 देखें

60. ''रामानुजन के बारे में सोचते हुए मैं इस निष्कर्ष पर पहुँचा कि एक वैज्ञानिक, जो खोजता है, उसकी वैधता पर क्षेत्रीयता, सामाजिकता, धार्मिकता या मानव जातीय सीमाएँ नहीं होती हैं। एक सभ्यता या राष्ट्रीयता के एक वैज्ञानिक की खोजें किसी दूसरी सभ्यता या राष्ट्रीयता के वैज्ञानिक के द्वारा खोजी, अनुमानित और सम्मिलित की जा सकती हैं; यह स्वीकार करते हुए कि प्राप्तकर्ता वैज्ञानिक उस विषय के बारे में पूर्णरूपेण सूचित किया गया है और उसके पास उसे जो दिया गया है, उसकी पूरी समझ तथा प्रशिक्षण है। गणित में रामानुजन ने भारत में जो भी किया, वह ब्रिटिश गणितज्ञों के द्वारा उन्नत क्रम के रूप में इस स्तर तक मूल्यांकित किया जा सकता था कि वे उसकी अंत:प्रज्ञा के साथ उसे पार करने के लिए उनके पदों को पुन: पहचानने में सहायता कर सकते। यह रामानुजन के गणित की 'भारतीयता' नहीं थी, जिसने ब्रिटेन के गणितज्ञों (हॉवसन एवं बेकर वे पहले गणितज्ञ थे, जिनके पास रामानुजन पहुँचे थे) को चकरा दिया था, बल्कि यह उनकी विलक्षण मौलिकता थी।'' यह किसने कहा था?

(अ) एडवर्ड शिल्स (ब) जेठा लाल

(स) नीलाभ ठाकुर (द) फ्रीमैन डायसन

61. ''मुझे बुद्धिमान बनाने में मेरी कुहनी खुरदुरी और काली हो चुकी है। मैं रात-दिन स्लेट पर सवाल करता रहता हूँ। किसी चिथड़े से इसे पोंछने में समय लगता है। मैं अपनी कुहनी से तकरीबन हर मिनट में स्लेट साफ करता हूँ। मैं कागज का इस्तेमाल नहीं करता हूँ, क्योंकि मुझे हर महीने करीब चार जस्ते कागज की जरूरत पड़ सकती है। जब मेरे लिए भोजन ही एक समस्या है, तब मैं कागज के लिए धन कहाँ से पाऊँगा!'' यह किसने कहा था?

(अ) जी.एच. हार्डी (ब) एस. राधाकृष्णन

(स) एस. रामानुजन (द) सी.वी. रमण

उत्तर के लिए कृपया पृष्ठ सं. 151 देखें

62. ''रामानुजन के मामले में मैंने जो भी लिखा था, वह उनकी पहली पश्चिमी जीवनी थी। मेरे विचार से, हम सब जहाँ हैं, कुछ लोग उससे कुछ कदम आगे होते हैं। रामानुजन गणित के अतिरिक्त भी बहुत कुछ हैं।'' यह कथन किसका है?

(अ) डेविड ब्रूस (ब) जॉर्ज एंड्रूज

(स) केन ओनो (द) रॉबर्ट केनीजेल

63. ''उनके इंग्लैंड प्रस्थानवाले दिन मेरे पिताजी ने उनसे एक विचित्र सा अनुरोध किया था। एक स्मृति-चिह्न के रूप में मेरे पिता अपनी स्लेट से उनकी स्लेट बदलना चाहते थे और यह हुआ भी। शायद मेरे पिता सोचते थे कि रामानुजन की गैर-मौजूदगी में उनकी स्लेट से उन्हें प्रेरणा प्राप्त हो सकेगी।'' यह कथन किसका है?

(अ) एन. सुब्बानारायण (ब) नारायण अय्यर

(स) पी.वी. शेषु अय्यर (द) डेविड ब्रूस

64. ''मद्रास के एस. रामानुजन की प्रतिभा की खोज हमारे समय की गणित की दुनिया की अति रोचक घटना होगी। उनके द्वारा दिए गए प्रथम परिणाम ने कैंब्रिज के गणितज्ञों को यकीन दिला दिया था कि रामानुजन में विलक्षण योग्यता थी। उनके साथ मेरी मुलाकात और उनकी पद्धति के वार्त्तालाप के प्रभाव ने मेरे इस यकीन को निश्चितता में परिवर्तित कर दिया था, साथ-ही-साथ आधुनिक पद्धतियों के परिमार्जन में रामानुजन के प्रशिक्षण का तथा उन लोगों का महत्त्व था, जो जानते थे कि किस स्तर के विचारों की खोज की जा रही है और जो नहीं है, उसका अति पूर्वानुमान नहीं किया जा सकता है।'' यह किसने कहा है?

(अ) डेविड ब्रूस (ब) जॉर्ज एंड्रूज

(स) प्रो. केन ओनो (द) ई.एच. नेविले

उत्तर के लिए कृपया पृष्ठ सं. 151 देखें

65. ''गोरे लोग कालों से मौलिक रूप से श्रेष्ठ हैं, इस मान्यता पर हुई सांघातिक चोट ने अनगिनत मानवीय तर्कों को जन्म दे दिया और यह प्रहार श्रीनिवासन रामानुजन के हाथों ही हुआ था।'' यह कथन किसका है?

(अ) डेविड ब्रूस (ब) जॉर्ज एंड्रूज
(स) केन ओनो (द) ई.एच. नेविले

66. ''मैंने रामानुजन को रात में 2 बजे उठकर लालटेन की धीमी रोशनी में स्लेट पर कुछ लिखते देखा। वह सपनों में सवाल किया करते थे और अब वह उसे स्लेट पर लिख रहे थे।'' यह किसने कहा था?

(अ) डेविड ब्रूस (ब) जॉर्ज एंड्रूज
(स) एन. सुब्बानारायण (द) ई.एच. नेविले

67. ट्रिनिटी कॉलेज के उस पूर्व शोधार्थी का क्या नाम था, जो रामानुजन के काम से बहुत अधिक प्रभावित था और उसने मद्रास विश्वविद्यालय के रजिस्ट्रार को रामानुजन की छात्रवृत्ति की सिफारिश में ये शब्द लिखे थे—''रामानुजन का काम कैंब्रिज के गणित के शोधार्थी की तुलना में मौलिक है, हालाँकि सुस्पष्टता का अभाव होते हुए भी परिणामों की सार्वभौम वैधता के लिए पूर्णता की आवश्यकता है।''

(अ) एन. सुब्बानारायण (ब) गिल्बर्ट वॉकर
(स) सुब्बाराव (द) जी.एच. हार्डी

□

उत्तर के लिए कृपया पृष्ठ सं. 151 देखें

उत्तरमाला

अध्याय–1

1. (स)	2. (ब)	3. (अ)	4. (ब)
5. (अ)	6. (द)	7. (अ)	8. (ब)
9. (अ)	10. (स)	11. (ब)	12. (स)
13. (ब)	14. (द)	15. (अ)	16. (अ)
17. (स)	18. (स)	19. (द)	20. (स)
21. (स)	22. (द)	23. (ब)	24. (अ)
25. (ब)	26. (ब)	27. (ब)	28. (स)
29. (ब)	30. (अ)	31. (ब)	32. (अ)
33. (ब)	34. (द)	35. (ब)	36. (स)
37. (द)	38. (अ)	39. (ब)	40. (व)
41. (स)	42. (द)	43. (अ)	44. (ब)
45. (अ)	46. (ब)	47. (स)	48. (अ)
49. (ब)	50. (स)	51. (स)	52. (द)
53. (स)	54. (अ)	55. (अ)	56. (स)
57. (स)	58. (अ)	59. (ब)	60. (स)
61. (अ)	62. (स)	63. (ब)	64. (ब)
65. (ब)	66. (ब)	67. (ब)	68. (स)
69. (द)	70. (अ)	71. (स)	72. (अ)

73. (अ)	74. (ब)	75. (ब)	76. (ब)
77. (ब)	78. (ब)	79. (अ)	80. (स)
81. (अ)	82. (स)	83. (ब)	84. (स)
85. (स)	86. (स)	87. (ब)	88. (ब)
89. (द)	90. (स)	91. (स)	92. (स)
93. (अ)	94. (ब)	95. (ब)	96. (अ)
97. (अ)	98. (ब)	99. (स)	100. (अ)
101. (ब)	102. (अ)	103. (द)	104. (ब)
105. (स)	106. (स)	107. (ब)	108. (अ)
109. (स)	110. (अ)	111. (ब)	112. (अ)
113. (ब)	114. (स)	115. (स)	116. (अ)
117. (ब)	118. (स)	119. (ब)	120. (अ)
121. (स)	122. (अ)	123. (ब)	124. (ब)
125. (अ)	126. (ब)	127. (ब)	128. (ब)
129. (ब)	130. (स)	131. (द)	132. (स)
133. (अ)	134. (ब)	135. (अ)	136. (स)
137. (स)	138. (ब)	139. (स)	140. (अ)
141. (स)	142. (स)	143. (अ)	144. (स)
145. (अ)	146. (स)	147. (द)	148. (स)
149. (स)	150. (ब)	151. (अ)	152. (ब)
153. (ब)	154. (अ)	155. (ब)	156. (स)
157. (अ)	158. (स)	159. (अ)	160. (अ)
161. (स)	162. (अ)	163. (स)	164. (अ)
165. (ब)	166. (अ)	167. (अ)	168. (अ)
169. (अ)	170. (स)	171. (ब)	172. (द)
173. (स)	174. (अ)	175. (अ)	176. (ब)

177. (स)	178. (स)	179. (ब)	180. (अ)
181. (स)	182. (स)	183. (ब)	184. (अ)
185. (स)	186. (ब)	187. (अ)	188. (स)
189. (स)	190. (अ)	191. (द)	192. (अ)
193. (स)	194. (द)	195. (ब)	196. (स)
197. (अ)	198. (ब)	199. (ब)	200. (अ)
201. (स)	202. (ब)	203. (ब)	204. (ब)
205. (स)	206. (अ)	207. (ब)	208. (स)
209. (स)	210. (द)	211. (स)	212. (स)
213. (स)	214. (द)	215. (ब)	216. (ब)
217. (स)	218. (ब)	219. (द)	220. (अ)
221. (ब)	222. (स)	223. (स)	224. (ब)
225. (ब)	226. (स)	227. (ब)	228. (ब)
229. (अ)	230. (स)	231. (ब)	232. (द)
233. (ब)	234. (अ)	235. (स)	236. (अ)
237. (ब)	238. (स)	239. (ब)	240. (स)
241. (ब)	242. (ब)	243. (अ)	244. (स)
245. (स)	246. (स)	247. (स)	248. (द)
249. (अ)	250. (ब)	251. (अ)	252. (स)
253. (स)	254. (द)	255. (स)	256. (ब)
257. (द)	258. (स)	259. (अ)	260. (द)
261. (द)	262. (द)	263. (ब)	264. (ब)
265. (अ)	266. (ब)	267. (अ)	268. (द)
269. (ब)	270. (ब)	271. (स)	272. (स)
273. (स)	274. (द)	275. (अ)	276. (स)
277. (स)	278. (स)	279. (स)	280. (ब)

281. (स) 282. (ब) 283. (स) 284. (स)
285. (ब) 286. (द) 287. (स) 288. (स)
289. (ब)

अध्याय-2

1. (ब) 2. (स) 3. (द) 4. (ब)
5. (अ) 6. (स) 7. (ब) 8. (ब)
9. (ब) 10. (स) 11. (ब) 12. (ब)
13. (ब) 14. (स) 15. (स) 16. (अ)
17. (ब) 18. (अ) 19. (ब) 20. (स)
21. (ब) 22. (स) 23. (ब) 24. (स)
25. (ब) 26. (अ) 27. (ब) 28. (अ)
29. (स) 30. (ब) 31. (ब) 32. (ब)
33. (स) 34. (ब) 35. (स) 36. (अ)
37. (स) 38. (ब) 39. (अ) 40. (स)
41. (ब) 42. (द)

अध्याय-3

1. (स) 2. (अ) 3. (ब) 4. (अ)
5. (ब) 6. (ब) 7. (अ) 8. (ब)
9. (स) 10. (स) 11. (स) 12. (स)
13. (ब) 14. (ब) 15. (स) 16. (स)
17. (द) 18. (ब) 19. (द) 20. (स)
21. (अ) 22. (अ) 23. (ब) 24. (अ)
25. (स) 26. (स) 27. (द) 28. (स)

29. (स)	30. (अ)	31. (अ)	32. (अ)
33. (ब)	34. (ब)	35. (स)	36. (स)
37. (ब)			

अध्याय-4

1. (ब)	2. (स)	3. (ब)	4. (अ)
5. (स)	6. (स)	7. (अ)	8. (अ)
9. (ब)	10. (स)	11. (स)	12. (ब)
13. (ब)	14. (स)	15. (अ)	16. (स)
17. (अ)(ब)	18. (स)	19. (ब)	20. (स)
21. (ब)	22. (स)	23. (स)	24. (द)
25. (स)	26. (अ)	27. (ब)	28. (अ)
29. (ब)			

अध्याय-5

1. (ब)	2. (अ)	3. (अ)	4. (स)
5. (अ)	6. (ब)	7. (स)	8. (ब)
9. (स)	10. (स)	11. (अ)	12. (ब)
13. (अ)	14. (ब)	15. (स)	16. (स)
17. (ब)	18. (ब)	19. (स)	20. (अ)
21. (ब)	22. (स)	23. (ब)	24. (अ)
25. (द)	26. (स)	27. (ब)	28. (ब)
29. (अ)	30. (स)	31. (अ)	32. (स)
33. (द)	34. (ब)	35. (ब)	36. (स)
37. (स)	38. (अ)	39. (स)	40. (स)

41. (ब) 42. (ब) 43. (स) 44. (स)
45. (स) 46. (स)

अध्याय-6

1. (ब) 2. (स) 3. (ब) 4. (स)
5. (स) 6. (अ) 7. (ब) 8. (ब)
9. (ब) 10. (ब) 11. (अ) 12. (ब)
13. (ब) 14. (स) 15. (ब) 16. (स)
17. (स) 18. (ब)

अध्याय-7

1. (ब) 2. (स) 3. (स) 4. (ब)
5. (अ) 6. (ब) 7. (ब) 8. (अ)
9. (स) 10. (स) 11. (स) 12. (ब)
13. (अ) 14. (स) 15. (स) 16. (ब)
17. (द) 18. (ब) 19. (द) 20. (द)
21. (द) 22. (ब) 23. (द) 24. (ब)
25. (स) 26. (स) 27. (स) 28. (ब)
29. (अ) 30. (द) 31. (ब) 32. (स)
33. (स) 34. (अ) 35. (अ) 36. (स)
37. (अ) 38. (अ)

अध्याय-8

1. कोमलताम्मल, रामानुजन की माता।
2. देवी नामगिरी, रामानुजन की पारिवारिक देवी।

3. रामानुजन अपने पासपोर्ट की फोटो में।
4. गवर्नमेंट कॉलेज कुंभकोणम, रामानुजन ने सन् 1904 में यहाँ प्रवेश लिया था।
5. सन् 1900 में रामानुजन का घर।
6. जी.एस. कार की पुस्तक, जिसने रामानुजन को गणितज्ञ बनने में सहायता की थी।
7. नेरोली के जिलाधिकारी दीवान बहादुर, जिन्होंने रामानुजन की 25 रुपए प्रतिमाह की छात्रवृत्ति से सहायता की थी।
8. पी.वी. शेषु अय्यर।
9. सर फ्रांसिस स्प्रिंग; मद्रास पोर्ट ट्रस्ट के अध्यक्ष।
10. एस. नारायण अय्यर, मद्रास पोर्ट ट्रस्ट के खजांची।
11. ई.एच. नेविले ही वे पहले अंग्रेज थे, जिन्होंने रामानुजन को इंग्लैंड भेजने की पैरवी की थी।
12. वी. रामास्वामी अय्यर; इंडियन मैथेमेटिकल सोसाइटी के संस्थापक।
13. जानकी अम्मल, रामानुजन की पत्नी।
14. पॉल ग्रालैंड की बनाई रामानुजन की पीतल की प्रतिमा।
15. आई.टी. सिटी, चेन्नई में रामानुजन की प्रतिमा।
16. जी.एच. हार्डी को लिखा रामानुजन का पत्र।
17. एस.ए.एस.टी.आर.ए. द्वारा खरीदा गया रामानुजन का घर, जिसका उद्घाटन ए.पी.जे. अब्दुल कलाम ने सन् 2003 में किया था।
18. हार्डी को प्राप्त प्रथम पत्र के जवाब में रामानुजन को लिखा उनका पत्र।
19. कुंभकोणम हाई स्कूल, जिसमें रामानुजन ने प्रवेश लिया था।
20. रामानुजन को श्रेष्ठता के लिए प्राप्त सनद।
21. जी.एच. हार्डी, प्रथम योग्य गणितज्ञ, जिन्होंने रामानुजन की प्रतिभा को पहचाना था।
22. कैंब्रिज का बिशप हॉस्टल, जिसमें रामानुजन सन् 1915 से 1917 तक रहे थे।
23. रामानुजन की स्लेट।

24. जे.ई. लिटिलवुड।
25. सन् 1962 में पी.के. श्रीनिवासन द्वारा चेन्नई में स्थापित संग्रहालय।
26. कैंब्रिज से बी.ए. की डिग्री प्राप्त करते हुए रामानुजन।
27. रॉबर्ट केनिजेल, जिन्होंने रामानुजन की जीवनी 'द मैन हू न्यू इनफिनिटी' लिखी थी।
28. ब्रूस सी. बर्ण्ट, जिन्होंने रामानुजन की नोटबुक संपादित की थी।
29. प्रो. केन ओनो, जिन्होंने सन् 2012 में रामानुजन की 'डेथ बेड पजल' को सिद्ध किया था।
30. गोमेत्रा; घर, जिसमें सन् 1920 में रामानुजन की मृत्यु हुई थी।
31. गूगल पर रामानुजन की 125वीं वर्षगाँठ।
32. रामानुजन की 75वीं वर्षगाँठ 22.12.1962 पर जारी डाक टिकट।
33. प्रधानमंत्री डॉ. मनमोहन सिंह द्वारा 26.12.2012 को रामानुजन की 125वीं वर्षगाँठ पर जारी डाक टिकट एवं वर्ष 2012 'राष्ट्रीय गणित वर्ष' के रूप में घोषित किया गया।

अध्याय-9

1. (ब)	2. (अ)	3. (ब)	4. (स)
5. (अ)	6. (ब)	7. (अ)	8. (द)
9. (स)	10. (अ)	11. (ब)	12. (स)
13. (अ)	14. (अ)	15. (अ)	16. (ब)
17. (ब)	18. (स)	19. (अ)	20. (ब)
21. (अ)	22. (अ)	23. (स)	24. (अ)
25. (ब)	26. (ब)	27. (अ)	28. (अ)
29. (स)	30. (ब)	31. (ब)	32. (स)
34. (ब)	35. (अ)	36. (अ)	37. (अ)
38. (अ)	39. (ब)	40. (अ)	41. (अ)

42. (ब)	43. (स)	44. (अ)	45. (स)
46. (स)	47. (स)	48. (द)	49. (द)
50. (ब)	51. (अ)	52. (द)	53. (स)
54. (स)	55. (द)	56. (अ)	57. (ब)
58. (अ)	59. (ब)	60. (अ)	61. (स)
62. (द)	63. (अ)	64. (द)	65. (द)
66. (स)	67. (ब)		

□□□